中国社会科学院国情调研特大项目"精准扶贫精准脱贫百村调研"

精准扶贫精准脱贫百村调研丛书

CASE STUDIES OF TARGETED POVERTY REDUCTION AND
ALLEVIATION IN 100 VILLAGES

李培林／主编

精准扶贫精准脱贫
百村调研·寨下村卷

一个中部村落的政策实践

陈光金　蒋国河／著

社会科学文献出版社

SOCIAL SCIENCES ACADEMIC PRESS (CHINA)

总　序

　　调查研究是党的优良传统和作风。在党中央领导下，中国社会科学院一贯秉持理论联系实际的学风，并具有开展国情调研的深厚传统。1988 年，中国社会科学院与全国社会科学界一起开展了百县市经济社会调查，并被列为"七五"和"八五"国家哲学社会科学重点课题，出版了《中国国情丛书——百县市经济社会调查》。1998 年，国情调研视野从中观走向微观，由国家社科基金批准百村经济社会调查"九五"重点项目，出版了《中国国情丛书——百村经济社会调查》。2006 年，中国社会科学院全面启动国情调研工作，先后组织实施了 1000 余项国情调研项目，与地方合作设立院级国情调研基地 12 个、所级国情调研基地 59 个。国情调研很好地践行了理论联系实际、实践是检验真理的唯一标准的马克思主义认识论和学风，为发挥中国社会科学院思想库和智囊团作用做出了重要贡献。

　　党的十八大以来，在全面建成小康社会目标指引下，中央提出了到 2020 年实现我国现行标准下农村贫困人口脱贫、贫困县全部"摘帽"、解决区域性整体贫困的脱贫攻坚目标。中国的减贫成就举世瞩目，如此宏大的脱贫目标世所罕见。到 2020 年实现全面精准脱贫是党的十九大提出的三大攻坚战之一，是重大的社会目标和政治任务，中国的贫困地区在此期间也将发生翻天覆地的变化，而变化的过程注定不会一帆风顺或云淡风轻。记录这个伟大的过程，总结解决这个世界性难题的经验，为完成这个攻坚战献计献策，是社会科学工作者应有的责任担当。

2016 年，中国社会科学院根据中央做出的"打赢脱贫攻坚战"战略部署，决定设立"精准扶贫精准脱贫百村调研"国情调研特大项目，集中优势人力、物力，以精准扶贫为主题，集中两年时间，开展贫困村百村调研。"精准扶贫精准脱贫百村调研"是中国社会科学院国情调研重大工程，有统一的样本村选择标准和广泛的地域分布，有明确的调研目标和统一的调研进度安排。调研的 104 个样本村，西部、中部和东部地区的比例分别为 57%、27% 和 16%，对民族地区、边境地区、片区、深度贫困地区都有专门的考虑，有望对全国贫困村有基本的代表性，对当前中国农村贫困状况和减贫、发展状况有一个横断面式的全景展示。

在以习近平同志为核心的党中央坚强领导下，党的十八大以来的中国特色社会主义实践引导中国进入中国特色社会主义新时代，我国经济社会格局正在发生深刻变化，脱贫攻坚行动顺利推进，每年实现贫困人口脱贫 1000 多万人，贫困人口从 2012 年的 9899 万人减少到 2017 年的 3046 万人，在较短时间内实现了贫困村面貌的巨大改观。中国社会科学院组建了一百支调研团队，动员了不少于 500 名科研人员的调研队伍，付出了不少于 3000 个工作日，用脚步、笔尖和镜头记录了百余个贫困村在近年来发生的巨大变化。

根据规划，每个贫困村子课题组不仅要为总课题组提供数据，还要撰写和出版村庄调研报告，这就是呈现在读者面前的"精准扶贫精准脱贫百村调研丛书"。为了达到了解国情的基本目的，总课题组拟定了调研提纲和问卷，要求各村调研都要执行基本的"规定动作"和因村而异的"自选动作"，了解和写出每个村的特色，写出脱贫路上的风采以及荆棘！对每部报告我们都组织了专家评审，由作者根据修改意见进行修改，直到达到出版要求。我们希望，这套丛书的出版能为脱贫攻坚大业写下浓重的一笔。

中共十九大的胜利召开，确立习近平新时代中国特色社会主义思想作为各项工作的指导思想，宣告中国特色社会主义进入新时代，中央做出了社会主要矛盾转化的重大判断。从现在起到 2020 年，既是全面建成小康社会的决胜期，也是迈向第二个百年奋斗目标的历史交会期。在此期间，国家强调坚决打好防范化解重大风险、精准脱贫、污染防治三大攻坚战。2018 年春节前夕，习近平总书记到深度贫困的四川凉山地区考察，就打好精准脱贫攻坚战提出八条要求，并通过脱贫攻坚三年行动计划加以推进。与此同时，为应对我国乡村发展不平衡不充分尤其突出的问题，国家适时启动了乡村振兴战略，要求到 2020 年乡村振兴取得重要进展，做好实施乡村振兴战略与打好精准脱贫攻坚战的有机衔接。通过调研，我们也发现，很多地方已经在实际工作中将脱贫攻坚与美丽乡村建设、城乡发展一体化结合在一起开展。可以预见，贫困地区的脱贫攻坚将不再只局限于贫困户脱贫，我们有充分的信心从贫困村发展看到乡村振兴的曙光和未来。

是为序！

李培林

全国人民代表大会社会建设委员会副主任委员

中国社会科学院副院长、学部委员

2018 年 10 月

前　言

　　2015 年 6 月，习近平总书记在贵州考察时，进一步就扶贫开发工作提出"六个精准"的要求，即扶贫对象精准、项目安排精准、资金使用精准、措施到户精准、因村派人精准、脱贫成效精准。在后来的一系列视察中又提出一些针对性措施，这些要求为我国各地脱贫攻坚指明了努力的方向，提供了根本遵循。党的十九大报告提出，要坚决打赢脱贫攻坚战，动员全党全国全社会力量，坚持精准扶贫、精准脱贫，让贫困人口和贫困地区同全国一道进入全面小康社会。为从更高层次贯彻落实习近平总书记对江西工作的重要要求，确保如期高质量完成脱贫攻坚政治任务，江西完善了省负总责、市县抓落实、乡（镇）推进和实施的工作机制，突出问题导向。在过去 5 年江西省脱贫攻坚取得决定性进展的基础上，进一步坚持精准基本方略，坚持现行扶贫标准。

　　2016 年 2 月，习近平总书记视察吉安、井冈山时，提出了"在扶贫路上，不能落下一个贫困家庭，丢下一个贫困群众"，"吉安、井冈山要在脱贫攻坚中作示范、带好头"的殷切期望。吉安人民牢记习总书记嘱托，按照省委

"核心是精准、关键在落实、实现高质量、确保可持续"的工作要求，把脱贫攻坚作为首要的政治任务和最大的民生工程，扎实推进产业、教育、健康等十大扶贫工程，提高精准度，奋力在脱贫路上不断迈进。2018年，万安县顺利实现脱贫摘帽。

近年来，贫困人口已由绝对贫困转变为相对贫困，主要表现为自然条件艰苦、集中连片贫困以及"插花式"贫困。寨下村作为一个"十三五"贫困村，属于罗霄山脉集中连片特困地区。江西省万安县是国家扶贫工作重点县，但是万安县寨下村当下精准扶贫政策落实的具体情况如何，贫困户的生活是否得到改善，脱贫攻坚工作成效是否显著以及其经验是否可推广，这需要进一步研究论证。寨下村有着贫困地区区域地理环境的共性特点，即地理环境较为偏远、交通状况不便。

本书为2016年中国社会科学院组织实施的精准扶贫精准脱贫百村调研（以下简称"扶贫百村调研"）国情调研特大项目的子课题成果之一。在精准脱贫的背景下，万安县全面贯彻落实中央、省委和市委脱贫攻坚要求，严格按照"两不愁、三保障"的标准来继续完成剩余贫困人口的脱贫任务。全村建档立卡贫困户有67户239人。本书详细描述了精准扶贫以来的江西省国定贫困县万安县（靠近革命摇篮井冈山）为决胜脱贫攻坚战所做出的努力和各项政策在寨子村落实的过程，分析比较了贫困户和非贫困户的生活情况，并通过剖析其所存在的问题进行了影响因素分析。

本书共分为七章。

第一章主要介绍了万安精准扶贫调研的社会背景及其研究意义，通过对精准扶贫相关内容的文献综述，得出比较分析贫困户和农村农户必要性的结论，并提出具体的研究思路和方法。

第二章详细介绍了所调研的贫困村的概况，从自然地理情况、区位条件、人文历史、脱贫攻坚工作进展和经济发展状况等角度对万安县、潞田镇、寨下村的情况分别进行阐述，并分析寨下村成为贫困村有个体原因和区域环境原因这两个原因，结合概况对寨下村的发展状况进行评估。

第三章深入分析寨下村贫困户的致贫原因，通过调研了解贫困户的现状，从收入状况、收入来源和支出状况切入，进一步分析个体因素和区域环境因素如何导致寨下村成为贫困县。

第四章阐述了万安县精准扶贫的工作机制和政策，对于扶贫组织机制的建立严格落实"三抓"机制，对于扶贫队伍的建设严格贯彻"六个精准"目标，明确四项扶贫内容：精准规划、分类施策、广聚合力、着眼未来、注重长效。

第五章描述了寨下村扶贫政策落实到户的过程，从贫困户的评定办法到各项扶贫政策的落实过程，包括产业扶贫政策、教育扶贫政策、就业扶贫政策、基础设施扶贫政策、健康扶贫政策、生态保护扶贫政策、村庄整治扶贫政策、安居扶贫政策和保障扶贫政策等。

第六章基于数据和图表对贫困户和非贫困户进行比较，讨论调查过程中存在的问题并进行反思，对于影响非贫困户群体内认知差异的因素和非贫困户与贫困户群体间认知差异的因素进行具体分析。

第七章对寨下村调研进行总结，并针对在调研过程中发现的问题和不足提出了相应的建议。为巩固脱贫成果，可以加大对非贫困户的关注与支持；在继续推进产业扶贫、就业帮扶政策的过程中要因人施策，提升贫困户的内生动力；调整帮扶对象识别机制，提升保障能力；构建防贫和反贫的长效机制，逐步由"补缺"变为"普惠"等。

本报告采用了案例访谈的调查形式。通过对寨下村支部书记、村主任、驻村扶贫第一书记等进行全面访谈，对寨下村 60 户农户（其中 30 户贫困户、30 户非贫困户）进行了问卷调查和案例访谈，对寨下村的政策落实过程进行了长期的跟踪调查。本报告通过文献研究、个案访谈及问卷调查法对寨下村贫困状况、扶贫政策具体落实的过程、贫困成因进行了细致分析，对未来寨下村的脱贫发展成果的巩固提供了思路以及建议。

本书的分工是：第一章由蒋国河、郭婉莹撰写，第二章由康颖菲撰写，第三章、第五章由蒋国河、康颖菲撰写，第四章由蒋国河、舒子豪撰写，第六章由蒋国河、阳鑫撰写，第七章由陈光金、阳鑫撰写。本报告的调研截止时间为 2019 年 8 月，因此本报告反映的情况均是 2019 年 8 月之前寨下村的精准扶贫精准脱贫的具体情况，后续的其他工作，未在本报告中体现。阳鑫、江小玲、郭婉莹、吴可佳、梁梦等几位同学参与了本书的校稿和编辑工作。陈光金对全书进行了统稿，限于作者的水平，本书还存在不少问题和漏洞，敬请读者指正。

陈光金

2020 年 6 月

目　录

// 001　第一章　导　论

/ 003　第一节　研究背景

/ 004　第二节　研究意义

/ 005　第三节　文献综述

/ 015　第四节　研究思路与研究方法

// 019　第二章　万安县及潞田镇寨下村概况

/ 021　第一节　万安县县情介绍

/ 028　第二节　潞田镇概况

/ 031　第三节　寨下村概况

// 037　第三章　寨下村贫困户的致贫原因分析

/ 040　第一节　贫困户现状

/ 046　第二节　个体因素

/ 050　第三节　区域环境因素

// 053　第四章　万安县精准扶贫的工作机制与政策

　/ 055　第一节　扶贫组织机制

　/ 060　第二节　精准扶贫的工作内容

// 073　第五章　寨下村扶贫政策落实到户的过程

　/ 075　第一节　寨下村贫困户的评定方法

　/ 077　第二节　寨下村各项扶贫政策的落实过程

// 099　第六章　讨论：基于贫困户与非贫困户的比较

　/ 102　第一节　贫困户与非贫困户的生活状况比较

　/ 126　第二节　存在的问题与反思

　/ 131　第三节　影响因素分析

// 139　第七章　总结与建议

　/ 141　第一节　总结

　/ 143　第二节　建议

// 151　结　语

// 153　附　录

　/ 155　附录一　潞田镇脱贫攻坚访谈提纲

/ 156   附录二   潞田镇 2017 年脱贫攻坚工作情况汇报

/ 166   附录三   寨下村委关于脱贫攻坚工作情况的汇报

/ 169   附录四   万安县潞田镇脱贫攻坚工作基本情况

// 177   参考文献

// 181   后 记

第一章

导 论

第一节　研究背景

农村贫困问题一直是一个世界性的重大议题，同样也备受政府关注。自改革开放以来，我国在减贫、扶贫工作方面投入了大量人力物力，1986 年国家启动扶贫开发计划，1994 年国务院又进一步制定和实施《国家八七扶贫攻坚计划》。近几年，为加快全面建设小康社会，党中央进一步加大了扶贫攻坚的力度。习近平总书记于 2013 年 11 月 3 日在湖南省湘西州花垣县十八洞村考察时首次提出精准扶贫政策，并提了十六字的要求：实事求是、因地制宜、分类指导、精准扶贫。自此之后，以习近平同志为核心的党中央大力推动精准扶贫战略和脱贫攻坚工程。"精准扶贫"

也在各级政府部门中成为热词，在各级部门的政策理解和执行中，关键是"精准"二字，体现在三个方面：精准识别、精准帮扶、精准管理。精准扶贫，贵在精准，重在精准，中央为此提出了"六个精准"的要求，即扶贫对象精准、措施到户精准、项目安排精准、资金使用精准、因村派人精准、脱贫成效精准。

精准扶贫政策下，农村扶贫工作热火朝天，经济、农业、社会等学术界也纷纷以其专业的视角对精准扶贫政策进行调查研究。精准扶贫政策是国家当前重要的政策，也是 2020 年实现全面小康的重要一步。五年来，精准扶贫、脱贫攻坚在减少贫困人口、改善贫困地区面貌和贫困人口生活方面取得了极大成就。而精准扶贫政策在农村的具体实施情况究竟如何，这正是本案例研究的出发点。

第二节　研究意义

精准扶贫战略是在总结我国扶贫实践及农村贫困实际变化的背景下做出的战略部署，由以往的全面扶贫到对县对村对户点对点式的精准扶贫，从"两不愁三保障"延展到产业扶贫、就业扶贫等针对性的特色扶贫项目，基层村干部与贫困村驻村扶贫工作队共同开展扶贫工作，这样一系列大规模、人力物力投入巨大的扶贫工作在农村的具体实施情况值得我们从农户的视角进行探究与分析。

在实践层面，课题组通过专题调查了解到农村居民的实际状况，分析精准扶贫政策下农户的致贫原因及农户之间的横向比较，从而探究其中存在的问题及其影响因素，我们根据调查分析提出建议，将有助于创新我国的农村扶贫救助政策体系，巩固我国扶贫工作的成果。

第三节　文献综述

一　概念界定

（一）精准扶贫

2013 年 11 月，习近平总书记在湘西十八洞村考察时第一次提出"精准扶贫"这一概念。但关于精准扶贫，无论是政府部门还是学术界都未做一个明确的界定。不过，对于精准扶贫的内涵，2014 年 5 月，国务院扶贫办、中央农办、民政部等七部门下达的《建立精准扶贫工作机制实施方案》给予了明确，即通过对贫困户和贫困村精准识别、精准帮扶、精准管理和精准考核，引导各类扶贫资源优化配置，实现扶贫到村到户，逐步构建精准扶贫工作长效机制，为科学扶贫奠定坚实基础。精准识别是指通过申请评议、公示公告、抽检核查、信息录入等步骤，将贫困户和贫困村有效识别出来，并建档立卡。精准帮扶是指对识别出来的贫困户和贫困村，深入分析致贫原因，落实帮扶责任人，逐村逐户制订帮扶计划，集中力量予以扶持。精准管理是指对扶贫对象进行全方位、全过程的监测，建立全国扶贫信息网络系统，实时反映帮扶情况，实现扶贫对象的有进有出、动态管理，为扶贫开发工作提供决策支持。精准考核是指对贫困户和贫困村识别、帮扶、管理的成效，以及对贫困县开展扶贫工作情况的量化考核，奖优罚劣，保证各项扶贫政策落到实处。

2015 年 10 月和 11 月，习近平总书记分别参加减贫与发展高层论坛和中央扶贫开发工作会议并发表重要讲话，对"精准扶贫"进行了更清晰和完善的阐述，着重体现为"五个一批""六个精准"。"五个一批"是指"通过扶持生产和就业发展一批，通过易地搬迁安置一批，通过生态保护脱贫一批，通过教育扶贫脱贫一批，通过低保政策兜底一批"。"六个精准"是指"扶持对象精准、项目安排精准、资金使用精准、措施到户精准、因村派人精准和脱贫见效精准"，从而防止大水漫灌式扶贫，实现靶向精准和力度精准，实施精准扶贫，最终达到"精准脱贫"的目标。

（二）贫困户的界定

2015 年，世界银行将国际极端贫困线提高到 1.90 美元 / 人·天。这说明凡是平均每天用于维系基本生活的支出低于 1.9 美元的人口都属于贫困人口。按照世界银行制定的贫困线及现行美元与人民币的汇率（6.8573）折算，在我国，平均每天用于维系基本生活的支出低于 13.03 元的人口，即每年收入低于 4755.95 元的人口都是贫困人口。当然，世界银行对贫困的界定是国际化的，显然不符合我国的基本国情。根据国家统计局公布的数据，2017 年我国农村居民人均可支配收入为 13432.43 元，江西省的农村居民人均可支配收入略低于我国平均水平，为 13241.82 元。因此我国贫困线的制定需要因地制宜。在精准扶贫战略的实践中，我国对贫困户的精准识别标准通常有两个：一是严格以农民人均纯收入为标准，2017 年国家脱贫标准是 3300 元；二是统筹考虑"两不愁三保障"因素，即不愁吃，不愁穿，保障义务教育，保障基本医疗，保障住房安全。在这样的标准下，意味着即使农村家庭人均收入达到 3300 元，但存在子女上学负担较重、家庭成员因病治疗费用较大影响其他成员正常生产生活、农户居住用房是 C 级或 D 级危房这三种情况之一的，也要统筹纳为贫困户。

二 精准扶贫政策的发展

我国自 20 世纪 50 年代起到 80 年代中期，一直实行以社会救济或社会救助为主的农村扶贫方式，对农村"五保户"和"城镇困难户"进行救助。20 世纪 80 年代中期以来，我国改变过去农村扶贫中的单纯救济式方式，实行救济式扶贫与开发式扶贫相结合的方式，尤其是"八七扶贫攻坚计划"（1994~2000）实施以来，中国在开发式扶贫领域投入了大规模资金，农村反贫困取得重大进展。

（一）改革以来的扶贫开发和脱贫攻坚战略发展的几个阶段 [①]

一是大规模开发式扶贫阶段（1986~1993年）。

1984年9月，党中央、国务院发出了《关于帮助贫困地区尽快改变面貌的通知》，这一文件的发布，拉开了全国性扶贫行动的序幕。这期间扶贫工作的对象和主体是带有区域特征的，一切活动都是以县为单位进行。1986年召开的全国人大六届四次会议，将扶持老、少、边、穷地区摆脱经济文化落后状况作为一项重要内容，列入第七个五年国民经济发展计划，并制定了一系列行之有效的扶贫政策，投入了大量人力、物力。同年，国务院成立了贫困地区经济开发领导小组，银行系统也设立了专项扶贫优惠贷款，由此开始了有组织、有计划、大规模的扶贫活动。首先是对原来的救济式扶贫进行改革，并确定了开发式的扶贫方式，倡导"造血式"扶贫。二是成立了专门的扶贫机构，安排专项扶贫资金。三是对贫困地区和贫困人口采取专门的政策措施。四是对18个集中贫困区域实施连片扶贫开发。五是确立了贫困县的扶持标准。自此，我国的扶贫开发工作进入了一个新的历史阶段。

经过八年的不懈努力，国家重点扶持贫困县农民人均

---

① 参见蒋国河《社会工作与农村反贫困：本土化实践与理论反思》，中国社会出版社，2017。

纯收入从 1986 年的 206 元增加到 1993 年的 483.7 元；农村贫困人口由 1.25 亿人减少到 8000 万人，平均每年减少 640 万人，年均递减 6.2%；贫困人口占农村总人口的比重从 14.8% 下降到 8.7%[①]。

二是"八七"扶贫攻坚阶段（1994~2000 年）。

随着我国改革发展战略的不断推进，扶贫力度不断加大，农村贫困现象进一步得到了缓解，贫困人口逐年递减。与此同时，贫困特征也在逐渐发生变化，贫困人口在这一时期的分布具有明显的地缘性特点。具体表现：从贫困发生率的角度来看，中西部地区的贫困发生率较高；从分布地域来看，贫困人口多集中分布在土地贫瘠且稀薄的西南大石山区，严重缺水的西北黄土高原区，水土流失严重、交通环境恶劣的秦巴山区以及冻土厚积的青藏高寒区等几类贫困地区。而导致其贫困的主要因素就是当地恶劣的自然环境、薄弱的基础设施和社会发育缓慢等。

以《国家八七扶贫攻坚计划》（1994 年）（以下简称《八七扶贫计划》）的公布实施为标志，我国的扶贫开发工作正式进入攻坚阶段。"八七"即指要在 20 世纪内最后 7 年，集中人力、物力、财力，团结社会各界力量，力争解决当时全国农村 8000 万贫困人口的温饱问题。除此之外，国务院还根据当时贫困人口分布的变化，重新确定了国家重点扶持贫困县 592 个，覆盖了 72% 以上的农村贫困人口。这是新中国历史上首个有明确目标、对象、具体措施

---

① 国务院新闻办公室：《中国的农村扶贫开发》白皮书，见中国新闻网，http://www.chinanews.com/2001-10-15/26/130338.html。

以及明确工作期限的扶贫开发纲领。八七扶贫攻坚计划的实施，使农村贫困人口数量再次得到了大幅减少。到2000年底国家"八七"扶贫攻坚目标得到基本实现，到2000年底，贫困县农民人均纯收入由1993年的483.7元增加到1321元，农村绝对贫困人口由8000万人下降到3209万人，贫困发生率减少到3.4%，基本解决了贫困人口的温饱问题。截至2010年底，贫困人口由2000年的9422万人下降至2688万人，年均下降11.8%。10年来，共有6734万人实现脱贫，贫困发生率从10.2%下降到2.8%[①]。

三是巩固温饱成果、缩小发展差距，为达到小康水平创造条件阶段（2001~2012年）。

2001年，国务院制定并颁布了《中国农村扶贫开发纲要（2001~2010）》（以下简称《纲要》），明确提出了到2010年我国的扶贫开发的目标：尽快解决少数贫困人口的温饱问题并巩固温饱成果，改善贫困地区的生产生活条件，提高贫困人口的综合素质，改善生态环境，逐步改变贫困地区落后的经济、社会、文化状况，为达到小康水平创造条件。同时明确提出扶贫开发工作以整村推进、劳动力转移培训和产业化扶贫作为工作重点，改革资金管理体制，并完善扶贫工作机制。在这一阶段，根据集中连片的原则，国家把贫困人口相对集中的中西部少数民族地区、革命老区、边疆地区以及特困地区作为扶贫开发工作的重点，并在这四类地区中确立了扶贫重点县。2011年12月

---

① 国务院新闻办公室：《中国的农村扶贫开发》白皮书，见中国新闻网：http：//www.chinanews.com/2001-10-15/26/130338.html。

颁布实施的《中国农村扶贫开发纲要（2011~2020年）》进一步明确提出，我国扶贫开发已经从解决温饱为主要任务的阶段转入巩固温饱成果、提高发展能力、加快脱贫致富、缩小发展差距的新阶段。

四是精准扶贫和脱贫攻坚阶段（2013~2020年）。

2013年11月，习近平总书记在湘西调研扶贫工作时提出"精准扶贫"这一理念，即扶贫对象精准、项目安排精准、资金使用精准、措施到户精准、因村派人精准、脱贫成效精准。这标志着以习近平同志为核心的第五代领导集体，提出了把精准扶贫作为新时期的扶贫战略。2014年，国务院扶贫办制定了《建立精准扶贫工作机制实施方案》，标志着我国正式启动精准扶贫战略。2015年6月，习近平总书记提出：扶贫开发"贵在精准，重在精准，成败之举在于精准"，使精准扶贫成为全国重大的政策行动。2017年10月，中共中央召开了十九大，习近平总书记在十九大报告中指出，坚决打赢脱贫攻坚战，确保到2020年我国现行标准下农村贫困人口实现脱贫，贫困县全部摘帽，解决区域性整体贫困，做到脱真贫、真脱贫，实现全面建成小康社会的目标。

（二）精准扶贫政策的相关研究

有学者对改革开放以来中国农村制度化扶贫战略的政策效应进行了评估。方黎明、张秀兰从能力贫困理论视角考察认为，中国农村制度化扶贫是一种开发式扶贫战略，其政策效应日益削弱并渐渐失效：农村绝对贫困人口更为分散；相当数量的真正贫困人口没有能力从扶贫项目中受益；现行的扶贫策略也难以有效化解疾病、教育等致贫风险。他们主张，现阶段中国扶贫政策在收入救助的同时，更应该注重提高贫困风险人群应对贫困风险的能力[①]。古学斌、张和清等则从社会工作的视角对目前的农村扶贫开发政策进行了评价。他们以中国西南的一个村落为案例，考察后分析：中国政府强调扶贫应以发动群众积极性为目标从而促成"造血"的效果，在现实中却是自上而下的动员与干预农村发展，基层干部依然用一种强制性手段去实现对农民干预的目标，地方群众没有机会参与表达他们的需要和对扶贫项目的意见。在自上而下的动员模式中，扶贫项目不能呼应农村社区的需求，不单引起地方政府与民众的冲突，甚至令贫困民众陷入困境，甚至造成返贫的现实[②]。

有学者以扶贫文本为调查对象进行研究，结合不同时期我国经济水平和政治状况等基本国情，以某一时期的政策话语出现频次作为一个时期扶贫工作的重点和政策偏向，探讨我国扶贫政策的发展演进，总结反思我国扶贫政策存在的问题与不足。作者在文献中提出扶贫政策存在的问题与不足有四个方面：一，我国的扶贫政策制定主体呈现"强精英拍板，弱公众参与"的特征；二，是扶贫政策文本成果呈现"多理念与机制因素，少法治与制度因素"的特征；三，扶贫政策内容呈现"强经济性扶贫，弱治理

---

① 方黎明、张秀兰：《中国农村扶贫的政策效应分析——基于能力贫困理论的考察》，《财经研究》2011年第12期。
② 古学斌、张和清、杨锡聪：《地方国家、经济干预和农村贫困：一个中国西南村落的个案分析》，《社会学研究》2004年第2期。

性扶贫"的特征；四，扶贫政策内容呈现"强碎片化管理，弱整体性协调"的特征[1]。

脱贫攻坚是实现全面小康社会目标过程中的一块硬骨头。有学者对农村精准扶贫面临的困境从精准识别、精准扶贫实施、贫困户思想观念的影响、扶贫政策本身的制度缺陷四个方面，围绕精准扶贫政策的政策机制和实施以及实施对象较全面地论述了农村精准扶贫政策可能存在的困境，并提出了相应的对策[2]。罗江月和唐丽霞[3]则从国际环境的宏观视角以"扶贫瞄准"为关键词来论述我国的扶贫政策，将扶贫政策放在社会福利体系中进行理论分析，对历史上世界上较为主流的福利思想进行梳理，从普惠式的福利体系到层级化的普惠再到工作福利制度。张丽俊和王宏杰[4]从地方政府的视角对川东北地区的精准扶贫政策实施进行论述，结合扶贫实务工作中遇到的困境进行分类阐述，并提出了相应的解决措施。

三 贫困户对精准扶贫政策评价的调查研究

有学者以洛南县的贫困户为调查对象，通过问卷调查和入户访谈的方式，分析农村贫困户对扶贫政策的满意度

---

[1] 冉连：《建国以来我国扶贫政策：回顾、反思与展望》，《山西农业大学学报》（社会科学版）2018年第12期。

[2] 胡雅静：《农村精准扶贫面临的困境及对策研究》，《劳动保障世界》2018年第33期。

[3] 罗江月、唐丽霞：《扶贫瞄准方法与反思的国际研究成果》，《中国农业大学学报》（社会科学版）2014年第4期。

[4] 张丽俊、王宏杰：《川东北地区精准扶贫面临的约束及有效化解思考》，《法制博览》2018年第33期。

及影响因素。该研究调查收回有效问卷 143 份，对满意度影响因素是从个人特征、家庭特征、扶贫对象界定、扶贫政策实施情况、扶贫政策实施效果等 5 个一级指标、19 个二级指标进行系统分析的。结果表明，贫困户对扶贫政策总体是满意的，对帮扶人员的满意度和对政府重视扶贫的满意度较高，但是对政策帮扶作用的满意度较低；年龄、文化水平、扶贫对象的界定是否公平、致贫原因、产业扶贫等是影响扶贫政策满意度的重要因素[①]。有学者从行为经济学视角构建农村居民点整理农户补偿满意度影响因素的理论分析框架，通过农村居民点整理典型区域江苏省扬州市刘集镇农户调查，运用有序 Logit 模型识别农户补偿满意度的影响因素及其程度，并提出促进农户补偿满意度的影响因素及其程度，并提出促进农户补偿满意度提高的政策建议，为提升农村居民点整理政策实施效率提供参考[②]。还有学者通过对湖北省农村贫困老人做问卷调查的数据，分析了当前农村地区社会养老保险对农村老人幸福感的影响。该文的研究设计是从研究假设入手，然后通过数据分析进行验证，农村老人幸福感是研究的因变量，主要自变量包括需求满足、政策认知和待遇享受三个方面，控制了农村老人的部分个人特征、家庭特征以及所在地区特征[③]。

① 张孝存、胡文科：《洛南县贫困户对扶贫政策的满意度及影响因素分析》，《辽宁农业科学》2018 年第 5 期。
② 付文凤、郭杰、欧名豪：《基于机会成本的农村宅基地退出补偿标准研究》，《中国人口·资源与环境》2018 年第 3 期。
③ 聂建亮、苗倩：《需求满足、政策认知与待遇享受》，《西北大学学报》（哲学社会科学版）2017 年第 6 期。

四 结论

从相关的文献研究来看，精准扶贫近几年在社会各界都是政策热词，关于扶贫政策的文献也是层出不穷，经济、农业、社会等学术界纷纷以其专业的视角对精准扶贫政策进行调查研究。在精准扶贫政策下，各界纷纷将关注的焦点放在贫困户上，但政府对扶贫工作的重视、农村扶贫资金的投入以及乡村振兴的背景，其实对于非贫农户也存在很大的影响：一方面，扶贫资金对农村基础设施的建设和农村基层组织的改善；另一方面，贫困户享受到的福利使其接近甚至超越了非贫农户的生活经济状况。精准扶贫政策虽然是针对贫困户的政策，但是作为一项福利性政策，涉及贫困户的识别和选择，农村农户都是潜在的政策受益者，所以将这两个群体进行比较分析是十分必要的。

第四节 研究思路与研究方法

一 研究思路

本研究是将万安县寨下村作为主要的案例村，通过数据的分析以及入户访谈的实际状况，分析农户的生活现状及致贫因素，乃至贫困户与非贫困户对精准扶贫政策的态度差异,并尝试对影响因素进行解读。基于数据分析以及入户访谈的实际状况,对现状背后存在的问题进行揭示,在精准扶贫战略的背景下,结合我国当前扶贫工作进展进行讨论,并提出若干政策建议。

二 研究方法

一是文献研究方法,包括文献资料的收集与分析。其一,系统梳理有关精准扶贫政策相关的研究成果;其二,全面收集与整理万安县寨下村的县情县貌村情村貌、政策文本、规章制度、会议记录等有关精准扶贫工作的文本资料,并对其做深入解读与定性分析。

二是个案访谈法。通过与调研地区的县、乡、村干部以及扶贫工作队的工作人员及相关贫困户进行半结构式、无结构式访谈,深入了解江西省万安县寨下村的情况、农村贫困的状况、农户的生活状况。

三是问卷调查法。问卷的主要目的是深入了解贫困群众的生计现状和贫困地区的自然资源状况与产业发展状况,分析贫困户的贫困原因,剖析当前精准扶贫工作存在的问题与不足。问卷调查抽取到江西省万安县寨下村进行,调查样本设计为 60 份(30 份贫困户和 30 份非贫困户)。

考虑到对贫困户的入户调查需要当地干部协助和配合,并考虑到调查的便利性,调查乡镇、村落的选择并未采取随机抽样的方式,而是采用了典型调查的方法,由调研组与该县扶贫与移民办工作人员协商确定。对调查村的贫困户的选择，则采取随机抽样的方式，由村干部提供贫困户花名册，调查人员抽取该村 30 个贫困户和 30 个非贫困户，在临时聘请的本地志愿者的协助下，进行入户调查。不过，在调查中发现，不少被抽到的贫困户家里没人或者外出务工，所以不得不临时调换被调查者名单。在调查的方式上，主要采用访问式问卷调查一问一答的方式。因为，不少贫困户的户主或在家人员是老年人，难以独立完成问卷，需要调查人员协助。总体上，问卷的质量较高，数据也较为真实可靠。

第二章

万安县及潞田镇寨下村概况

第一节　万安县县情介绍

一　万安县自然地理情况

万安县位于罗霄山脉东麓，江西省中南部，吉安地区南缘，居赣江上游东西两岸，东接兴国，南邻赣县南康，西界遂川，北靠泰和，是原中央苏区县、国家扶贫开发罗霄山片区县、西部大开发政策延伸县、江西省第二大移民县。

万安县境内地势南高北低，由南向北依次为山地、丘陵、平原，属典型的江南丘陵地貌，地形以中低山、丘陵为主。山顶海拔标高一般在 500~1000 米，位于县境东部边境的天湖山，峰顶海拔 1152.9 米，为全县的最高点。东北部低，最低处位于罗塘的寨头村，地面海拔标高仅 65 米。北部和中部为低丘岗地，多在海拔 300 米以下，地形起伏不大。全县地势最高与最低点的相对高差为 1087.9 米。按地貌形态划分，山地占境内面积的 34%，丘陵占 30%，低丘岗地占 35%，平原只占 1%。万安县属"六分半林一分荒，半分河库和水塘，耕地园地一分半，半分道路和村庄"的山区县，是吉泰盆地的组成部分。县域东南西三面环山，岗峦起伏。境东南有武夷山脉的余脉逶迤入境；境西南由南岭山系的罗霄山脉中段脉系控制。县境山地主要分布在高陂、潞田、棉津、沙坪、柏岩、枧头、宝山、涧田、顺峰等乡靠县界的一侧，成为县际界山和分水岭。河流均属赣江水系，呈树状分布。主干河流赣江由南向北纵贯县境中部。流向：中上游呈南东—北西向，下游从百嘉乡的九贤转折为北东向进入泰和，流经本县总长 90 公里。主要支流有流经县境西北部的蜀水和从遂川入境、流经本县西部的遂川江等。

　　该县土壤种类丰富，有水稻土、潮土、草甸土、紫色土、红壤、黄壤、山地草甸土，已发现各种矿产 33 种，黑色金属有铁、锰；贵金属有金、银；有色金属有铜、铅、锌、钨、锡、钼、钴、稀有铌、钽和稀土。非金属类有钾长石、萤石、瓷土、凝灰岩、灰岩、无烟煤。化工原料类有砷、石膏、盐、磷、电气石（磨料），另有矿泉水、建筑用石料、砖瓦用黏土、制砖泥页岩等。列入《江西省矿产资源储量表》的矿种为煤、稀土 2 种。县境内野生动植物资源丰富。高等植物有 2000 多种，地带性植被主要为常绿阔叶林，其植物区系组成以壳斗科的常绿种类为建群种，次为樟科、山茶科、金缕梅科、冬青科、大戟科、木樨科、椴树科和竹亚科等。有野生种子植物 800 多种。境内野生动物种类繁多。境内现有野生动物兽类 23 种，其中被列为国家二类保护动物的有：獐、水鹿、水獭、猕猴、穿山甲等。鸟类 500 多种，其中属国家一级保护的有白鹤等，受国家二级保护的有虎纹蛙等。

万安县在吉安地区属于中小面积的县，全县土地面积 2051 平方公里，辖 9 镇 7 乡 1 个垦殖场，总人口 32.1 万，其中农业人口 268255 人，在 2002 年，被定为国定贫困县，是国家扶贫开发重点县。

二 万安县的区位条件

万安县自古属水陆要冲，105 国道、赣江水道和赣粤高速公路呈"川"字形直通县境。距井冈山机场 50 公里，距赣州机场 60 公里，距南昌昌北国际机场 300 公里，距江西省省会南昌市 317 公里，距江西省吉安市 95 公里，交通便利。

三 万安县人文历史

万安县历史久、底蕴深。东汉建安四年为遂兴县的一部分，三国吴嘉禾四年改称新兴县，西晋太康元年复名遂兴县。隋开皇十年，废遂兴县，万安属地并入泰和县。南唐保大元年（公元943年）设万安镇，宋熙宁四年（公元1071年）改镇设县，县治芙蓉镇，素有"五云呈祥，万民以安"的美誉。自古文风鼎盛，人才辈出，自宋代至清末，该县有进士132人，举人470余名。辛弃疾、文天祥、杨万里、解缙、苏轼等历代文人留下了许多脍炙人口的诗词，形成了丰富的十八滩文化。万安是井冈山革命根据地的重要组成部分，是国家政协原副主席康克清和"江西三杰"之一曾天宇的故乡，养育了原空军政委王辉球、原炮兵司令员匡裕民、原装甲兵政委钟汉华等7位开国将军。自井冈山斗争到新中国成立，全县记录在册的革命烈士达5000余人。1928年，爆发了震惊中外的"万安暴动"，诞生了江西省第一个县级苏维埃政权。

四 万安县脱贫攻坚工作进展情况

万安县2002年被定为国定贫困县，是国家扶贫开发重点县。2014年，万安贫困人口有42730人，贫困发生率为16.24%；到2017年底，贫困人口由2014年的42730人下降至2614人，贫困发生率降至0.99%。该县有61个"十三五"贫困村，目前已退出51个，剩余10个贫困村于2020年之前全部退出。

近年来，万安县的脱贫成效显著。2017年，该县退出贫困村16个，脱贫5630人，贫困发生率降至0.99%；产业扶贫工作精准有力，该县全年投入产业扶贫资金 1.45 亿元，支持贫困村、贫困户发展扶贫产业，培育专业合作社135 个，吸纳贫困户 4339 户；建立了 82 个产业基地，特色种植业新增 2.8 万亩，带动 1.14 万户贫困户发展产业；建成光伏扶贫电站，规模为 1.76 万千瓦，覆盖了所有行政村，使所有贫困户受益；建设了 61 个电商扶贫站点，覆盖了所有贫困村；通过多种渠道壮大村级集体经济，使 67 个"空壳村"全部实现摘帽。就业帮扶工作扎实有效，扶贫公益性岗位吸纳了 2137 个贫困劳动力就业，创建 57 家扶贫车间，吸纳 353 个贫困劳动力就业。住房安全保障到位，各级政府投入补助资金 1.8 亿元，完成危房新建 1242户、危房维修 4733 户；2017 年易地扶贫搬迁建档立卡贫困户 112 户 316 人，已全部搬迁入住。村庄面貌显著改观，该县全面完成村庄整治点 676 个，贫困村 25 户以上自然村新农村建设实现全覆盖；实施交通扶贫项目 814 个，全县 25 户以上自然村通村道路全部硬化，新增通村组道路里程 753 公里，桥梁 29 座；实施农村安全饮水工程 59 个，受益贫困群众 1.3 万人；贫困村文化活动室、卫生室、卫星电视"户户通"实现全覆盖。保障底线全面兜牢，农村低保与扶贫开发"两项制度"有效衔接，未脱贫贫困户的户数重叠率达 96.3%，人数重叠率达 77.9%；采取财政代缴参保资金，实现所有贫困户人人享有基本医保、大病商业补充保险，同时，增设"第五道保障线"，贫困患者住院报账比例达 90% 以上，全年该县累计补偿贫困患者住院8848 人次，补偿金额 4133 万元；构建从幼教到大学的全程资助体系，资助贫困学生 1.9 万余人次，资助金额 1429 万元。金融扶贫彰显活力，发放扶贫小额贷款 2.61 亿元，惠及 3803 户贫困群众。大扶贫格局加快构建，全县 236 个单位、71 家民营企业积极参与结对帮扶，累计筹集社会帮扶资金 2828 万元；整合财政涉农扶贫资金 5.5 亿元，拨付率 99.9%，实际支出率 95.2%。

五 万安县经济发展状况

万安县农村居民人均可支配收入，从 2014 年的 6751 元增长到 2017 年的 9530 元，财政总收入从 2014 年的 8.8 亿元增长到 2017 年的 11.69 亿元。

2017 年，万安县经济保持良好发展态势，具体表现在以下几个方面。

（一）发展全面加速

主要经济指标保持较高速度增长，2017 年预计实现生产总值 71.98 亿元，同比增长 9.6%，高出全市平均水平 0.5 个百分点；财政总收入 11.69 亿元，同比增长 12.1%，高出全市平均水平 2.4 个百分点；固定资产投资 83.9 亿元，同比增长 12.9%；社会消费品零售总额 19.71 亿元，同比增长 12.2%；城镇居民人均可支配收入 24461 元，同比增长 8%；农村居民人均可支配收入 9509 元，同比增长 12%，高出全市平均水平 2.2 个百分点。电子商务交易额达 25 亿元，同比增长 92.3%。

（二）质量稳步提升

万安县产业结构不断优化，质量效益继续提升，三次产业结构调整为 19.7∶46∶34.3，服务业增加值占 GDP 的比重达 34.3%。税收收入占财政总收入的比重达 76.6%，提高了 2.8 个百分点；电子信息产业集群不断壮大，实现主营业务收入 57.1 亿元，同比增长 26.7%，占该县全县规模以上工业主营业务收入近半壁江山；2017 全年新增高新技术企业 6 家，总数达 11 家；新增规模以上工业企业 15 家，总数达 80 家。

（三）支撑稳健有力

2017 年万安共引进拟上市企业 4 家，县内存量企业中拟培育上市挂牌企业 5 家，新增区域性股权交易市场挂牌企业 10 家，其中衡源数控、长兴光电、科霖环保等一批优质项目实现当年引进、当年投产。全年新签约项目 22 个，实际利用内资 35 亿元，同比增长 10.3%；实际利用外资 6121 万美元，同比增长 10.11%；外贸出口 2.98 亿元，同比增长 12.87%；现汇进资 1391 万美元，同比增长 21.1%。全县实施的 77 个重点项目累计完成投资 14.63 亿元，万安赣江大桥新老桥以及坎夏公路的全线贯通，昌吉赣客运专线、井冈山航电枢纽、G356 国道、高铁连接线、高山嶂风电场、百嘉赣江大桥等一批重点项目的实施，不仅方便了群众生活，也为万安县加快发展蓄积了后劲。

第二节 潞田镇概况

一 潞田镇自然地理情况及区位条件

潞田镇位于万安县西北部，开设于明朝中期，历史悠久，文化底蕴深厚，在古代为赣湘粤三省的交通要道，因为这条要道通过田垄中间，并穿过小溪，合路合水，故称为潞田。潞田镇是万安县105国道线上的三个建制镇之一，105国道、大广高速穿境而过，上通赣州，下连吉安，与遂川交界，距万安县城25公里，距泰和火车站、井冈山机场车程均在1小时以内，交通便利，区位优势明显。潞田镇全镇国土总面积153.57平方公里，其中耕地面积2.73万亩，山地面积16.9万亩。辖1个居委会、10个行政村，142个村小组，5497户，有近2万人口。属于丘陵地区，地势相对平缓。是典型的亚热带季风气候，四季干湿分明，水源充沛。现有林地面积11867公顷，森林覆盖率77%，活立木蓄积量18万立方米，有1个正在建设的红豆杉养生谷，有16余处大小古樟风水林，670余公顷毛竹天然林。有小（二）型水库8座、小（一）型水库2座，山塘110余座。主要农产品有水稻、茶叶、竹荪菇、大棚蔬菜、井冈蜜柚、油茶、竹笋等。2017年粮食总产量3万吨。有一个6平方公里"黄金时代"休闲观光茶园，已种植黄金茶6500余亩，以及一个千亩生态蔬菜基地。

潞田镇从2008年开始在贫困村推进"一村一品"产

业发展，重点发展茶叶、油茶、杉木林、药材、井冈蜜柚五大支柱产业。

近年来，潞田镇经济运行稳中向好，综合实力持续增强。2015年全镇实现财政总收入1013.18万元，同比增收286.18万元，增长28.2%；农村人均纯收入7600元，比上年增加400元。

2016年潞田镇财政预算总收入为1292.66万元。一般性转移支付收入646.4万元，其中农村税费改革补助收入69.4万元，革命老区转移支付补助收入158万元，县级基本财力保障机制奖补资金收入207.82万元，均衡性转移支付收入33.17万元，其他一般性转移支付收入178.01万元；专项补助收入163.92万元，新增建设用地土地有偿使用费收入2.89万元，国有土地使用权出让收入476.12万元。2017年潞田镇财政预算总收入为742.67万元，一般性转移支付收入598.52万元，其中农村税费改革补助收入64.8万元，县级基本财力保障机制奖补资金收入299.32万元，均衡性转移支付收入201.23万元，其他一般性转移支付收入33.17万元；专项补助收入140.82万元。

二 潞田镇脱贫攻坚工作进展情况

潞田镇分别有寨下、东村、高坑3个"十三五"贫困村，2016年，寨下村、东村村已退出，2017年高坑村已退出。全镇有建档立卡贫困户567户2225人，2014年脱贫104户461人，2015年脱贫165户693人，2016年脱贫 126 户 506 人，2017 年脱贫 119 户 413 人，预留未脱贫 53 户 152 人，以 2014 年人口基数 17855 人计算，贫困发生率为 0.86%；以 2017 年实际人口 18032 人计算，贫困发生率为 0.85%，2018 年潞田镇计划减贫 19 户 60 人，将贫困发生率降至 0.5%。

潞田镇圩镇建设为"二纵二横"的街道格局。2008 年起，潞田镇开始开展新农村建设，至 2015 年已有 32 个自然村按新农村标准建设，完成道路硬化 26 公里，改水 1380 户、改厕 1440 户，拆除危旧房 8 万平方米。该镇按照"生态立镇、旅游兴镇"的思路，着力将红豆杉生态养生谷打造成一个集养生休闲、观光度假于一体的国家 4A 级乡村旅游景区，将"黄金时代"休闲观光茶园打造成一个集科技示范、观光采摘、休闲娱乐于一体的旅游景区。现有中学 1 所，小学 8 所，教学点 2 个，公办、民办幼儿园 11 所；中心卫生院 1 所，村卫生室 25 个。村级文化活动场所 11 个，农家书屋 11 个。105 国道纵横全镇南北。基本实现了村村通公路，建有移动和联通通信基站、自来水厂。

潞田镇通过干部结对帮扶和资金奖补的方式，拓宽了贫困群众稳定增收渠道。全镇 567 户贫困户自主发展了家禽、水产、中药材、毛竹、油茶、光伏等产业，长效短效产业结合，并获得了产业奖补。2015 年至 2017 年底，全镇 223 户贫困户申请了 1.5 万~5 万元产业发展贷款 1073.3 万元，享受 3 年内免担保、免抵押和财政全额贴息。帮助无劳动能力和无生产条件的贫困户加入合作社，86 户贫困户通过"产业扶贫信贷通"进行产业合作,加入万安县永生红豆杉种植合作社和万安永永肉牛养殖基地,每年分红3000元固定收益。东村村何首乌、寨下村黄金茶、高坑村油茶毛竹、潞田村竹荪灵芝以及井冈蜜柚等产业已成为贫困户脱贫致富的主导产业。

2016~2017年扶贫专项资金投入2167.708万元,其中2016年618.933万元,2017年1548.775万元,共实施项目154个,项目主要用于改善贫困村的村庄整治、改水改厕、农村道路等基础设施、贫困户产业帮扶和光伏发电站建设。由项目单位初步确定施工方,报镇政府后经镇党委班子讨论后正式确认施工方;然后由项目单位与施工方签订合同并实施。项目完工并验收后,施工方提供相关报账资料,经上级审批后,将资金转入施工方单位账户。

第三节　寨下村概况

一　寨下村自然地理情况及区位条件

寨下村是"十三五"贫困村,具有一定的地域代表性,同时也是一个脱贫攻坚先进村,能够与其他村的脱贫做法形成有效的参照对比。寨下村地处潞田镇的南面,105国道横穿而过,东邻罗塘乡,南连遂川县于田镇,西靠田心村，北接下石村、潞田村。全村总面积 10.5 平方公里，耕地 2195 亩，林地 1 万余亩，水面 600 亩，辖 15 个村小组（14 个自然村），即寨下、圳背、罗塘、良梅、南坑、茶仚、黄陂、营陂、竹平段、羊坑、月光圳、下关石、上关石、洞紫霞。有农户 465 户，人口 1783 人，党小组 6 个，党员 53 人。现拥有一所村小学，一所公共产权卫生室，一所普惠性幼儿园。

寨下村属于丘陵地区，地势相对平缓，是典型的亚热带季风气候，四季干湿分明，水源充沛。该村的传统产业以粮食生产为主，生猪养殖、水产养殖为辅，近年来，寨下村"两委"干部带领全体村民，奋发图强，科学发展，改变传统发展模式，做大做强特色产业，发展了黄金茶种植基地的新型特色产业，种植 3000 多亩黄金茶，并在村成功试点新型能源产业光伏发电。通过多渠道、多产业增加农民收入，村集体经济年收入达 5.2 万元，已于 2016 年如期退出贫困村。

二 寨下村人文历史

寨下村是一个合并村，在 2013 年由有着 1200 人左右人口的寨下村与有着 500 人左右的关石村合并而成。寨下村的祖姓主要有康、邝、梁、彭、李、陈六大姓，相对于关石村而言，是一个大村，而关石村是一个客家文化村落，客家人自古以来都格外团结，曾经不允许本村村民与外村人通婚。据了解，当时合并村时，关石村的村民总觉得大村村民会欺负他们小村的村民，因此有抵触心理。在调研过程中，令人意外的是，目前寨下村的村支部书记姓黄，而黄姓在该村只是一个小姓，在宗族势力强大的农村，小姓当书记可谓少之又少，黄书记已经担任寨下村的村支部书记20余年了，在他的管理下，关石村村民慢慢放下了成见，融入了寨下村这个大家庭。我们发现，关石村村民这一变化离不开黄书记的努力，近年来，村"两委"干部的聘用一直都是按照人口比例由寨下和关石平均分配，而村庄整治也是优先整治离105国道较远的关石村。

三　寨下村成为贫困村的原因分析

关于贫困户的致贫原因，学术界大体从两个维度进行了探讨：一是个体因素，即家庭这一微观组织及其成员的因素，包括家庭成员的健康因素、能力因素、抚养负担因素等。核心是诺贝尔经济学奖得主阿玛蒂亚·森的"可行能力"的不足。二是区域环境因素，如地理环境、交通状况、资源禀赋等[①]。而贫困村的贫困原因，也可从这两方面来分析。

（一）个体因素

寨下村总人口有1783人，大多数家庭都有3个以上的子女，抚养负担重，缺乏充足的劳动力。该村以客家人居多，大多思想保守，在开展脱贫攻坚工作之前，依然以典型的自给自足式小农经济模式生活，村民们缺乏创新就

---

① 蒋国河：《社会工作与农村反贫困：本土化实践与理论反思》，中国社会出版社，2018。

业和发展产业的思想，仅依靠农业增收，收入微薄，导致大多数农户家庭经济生活极为贫困。

此外，寨下村只有一所村级小学，且最高年级为三年级，因为交通不便，家长们送小孩外出就学非常不便，这使得村民缺乏技能和文化教育。经调查发现，全村总面积10.5平方公里，耕地面积2195亩，人均耕地面积只有1亩多，可见当地村民的耕地面积严重不足，导致大多数农户的耕种收成仅够自家使用，无法赚取收入，所以许多家庭出现贫困，村庄整体经济收入也非常微薄。

（二）区域环境因素

寨下村作为一个"十三五"贫困村，属于罗霄山脉集中连片特困地区，有着贫困地区区域地理环境的共性特点，即地理环境较为偏远，交通不便。寨下村有14个自然村，在2014年全面开展脱贫攻坚工作以前，寨下村有11个自然村没有通村的硬化路，再加上该村处于丘陵地区，地质薄弱，极易山体滑坡，一旦天气不好，村民们的出行便受到了很大的阻挠。

同时，该村位于105国道旁边，交通事故频发，村里有不少劳动力因车祸丧生或失去劳动能力，这一现象也导致许多家庭陷入了贫困。

四 寨下村的发展状况

通过精准识别和民主评议，全村建档立卡贫困户有67

户 239 人（一般贫困户 39 户 154 人、低保贫困户 13 户 50 人、纯低保户 13 户 33 人、五保户 2 户 2 人），主要是因病、因学、因残、缺劳力等因素致贫。通过干部的帮扶和村民的共同努力，到 2017 年底，已实现脱贫 65 户 229 人（其中 2014 年脱贫 12 户 43 人，2015 年脱贫 22 户 73 人，2016 年脱贫 26 户 99 人，2017 年脱贫 5 户 14 人），未脱贫建档立卡贫困户 2 户 10 人。

为积极壮大村集体经济，寨下村建成 140kV 光伏发电站一座。全村 67 户建档立卡贫困户通过发展井冈蜜柚、油茶低改、茶叶种植和养鸡、鸭、牛、鱼等，长短结合，实现了产业全覆盖。新农合报账情况：2016 年度、2017 年度贫困户住院费用报账比例达到 90% 以上。2016 年共投资 170 万元对罗塘、黄陂、南玄、上关石、洞紫霞、樟树下、河背 7 个重度贫困村小组实施了村庄整治。主要实施项目有危旧土坯房拆除、土地平整、排水沟、路面硬化、房屋粉刷维修、改水改厕改环境等。通过帮扶，村集体经济收入 2017 年达到 5.6 万元，没有微小企业。

近几年，家家户户都通了水泥路、自来水、电，村里的小道两旁也都装上了路灯，村里的基础设施建设有较大改善，村民外出更为方便，投资者、产业带动者也开始进来，与外界的市场链接更为便利。借助交通的改善，村里将茶叶种植作为主要的产业来发展，将 5000 亩林地流转给浙商种植黄金茶，成为当地脱贫致富、带动就业的主要产业。这说明，基础设施的投入与建设对于加快贫困地区农民脱贫致富有至关重要的作用。

第三章

寨下村贫困户的致贫原因分析

本课题组选定江西省万安县寨下村为调查点之一，为深入了解贫困户生计现状和贫困地区的自然资源状况与产业发展状况，以问卷调查为主、观察和访谈为辅等方式开展调查。通过对问卷以及由扶贫部门和村干部提供的数据资料的整理，加之问卷访问员对该村基础设施、人文风貌以及入户访问时观察的记录，从个体因素和区域环境因素两个方面，综合分析贫困户的致贫原因。

考虑到对贫困户的入户调查需要当地干部协助和配合，以及调查的便利性，本次调查对自然村、贫困户的选择并未采取随机抽样的方式，而是采用了典型调查的方法，由调研组与该村扶贫办和村干部协商确定。此次共抽取了30户贫困户，由于是一对一式的入户问卷调查，故不计入拒绝访问的调查对象，30份问卷均为有效问卷。

本次问卷调查的对象是从扶贫部门和村干部提供的贫困户花名册中随机选择确定的。问卷为访问式问卷，由课题组成员带领江西财经大学社会学和社会工作专业的部分研究生入户发放。

第一节　贫困户现状

问卷中关于年支出的测算，首先由访问员向贫困户确认上一年家庭的各项支出事项和具体支出，再由访问员合并计算年支出；关于贫困户年纯收入的测算，则首先由访问员向贫困户确认上一年家庭的各项收入来源和具体收入，再由访问员合并计算年收入。收入来源的指标体系和统计口径，除了工资性收入、农业经营收入、非农业经营收入等一般性劳动所得收入外，还包括赡养性收入、低保金收入、养老金或离退休金收入、补贴性收入（救济、农业及其他）；支出项目的指标体系和统计口径，则包括食品、医疗（报销后的）、教育、礼金支出等日常生活支出，以及养老和合作医疗保险费。

一　收入状况

30 户贫困户家庭中，有 2 户为低保贫困户，1 户为五保户，其余 27 户全为脱贫户。其中 15 户（包括 12 户脱贫户）享有低保金。

（一）贫困户家庭人均年收入

贫困户家庭的样本中，以 4 口人的家庭最多，平均有家庭人口 3.5 人，人口最多的家庭有 7 口人（该问卷调查时是以户口本上的户口人数为准，实际家庭一起居住人口略有不同），人口最少的家庭为 1 口人。收入方面，调查样本的家庭人均年收入为 9106.7 元。根据江西省统计局发布的数据，2017 年江西省农村居民人均年可支配收入为13241.82 元，因此样本贫困户家庭的人均年收入约为全省农村居民人均年可支配收入的 70%。

表 3-1　2017 年寨下村贫困户家庭人口、收入状况

单位：人，元

收入与人口	极小值	极大值	平均值	标准差
家庭年总收入	3200	98600	31699.2	18744.4
家庭人均年收入	1066.7	30186.7	10258.1	7344.8
家庭人口数	1	7	3.5	1.4

资料来源：精准扶贫精准脱贫百村调研寨下村调研。
注：本书统计图，除特殊标注外，均来自寨下村调研。

（二）贫困户收入分化大

调查揭示，贫困户收入离散程度较大，家庭人均年收入极大值为 30186.7 元，极小值为 1066.7 元，家庭人均年收入的极值差达 29120 元，这表明贫困户的收入分

化大（如表 3-1 所示）。从收入组看，家庭人均年收入
3335 元及以下者占 20%，3335 元是一条贫困标准。从调
查来看，80% 的贫困户家庭人均年收入超过了 3335 元。
其 中 3336~7000 元 占 33.3%，7001~15000 元 占 33.3%，
15001~20000 元占 3.3%，还有 10% 的家庭人均年收入在
20000 元以上（如表 3-2 所示）。

表 3-2　2017 年寨下村贫困户家庭人均年收入统计（N=30）

单位：%

家庭年人均收入组	频次	占比	有效占比
0~3335 元	6	20.0	20.0
3336~7000 元	10	33.3	33.3
7001~15000 元	10	33.3	33.3
15001~20000 元	1	3.4	3.4
20000 元以上	3	10	10
总计	30	100	100

从调查中看到，样本中有 24 户（占 80%）的贫困
户家庭年人均收入超过 3335 元，与脱贫户数 27 户（占
90%）的数字基本匹配；再细究下去，其中家庭年人均收
入低于 3335 元的 6 户贫困户家庭均为脱贫家庭，只有 3
户享有低保金。未脱贫的 3 户家庭：1 户是户主与其女儿
均患有精神疾病；1 户是户主患有支气管疾病，其妻子残
疾；1 户是五保户的一位听力障碍的老爷爷，所以不能说
明脱贫选择不恰当。但为何脱贫的贫困户家庭其家庭人均
年收入会低于贫困标准呢？笔者认为，可能是因为失去低
保金之后，人均年收入便低于贫困标准了，也就是所谓的

脱贫后的返贫现象。当然这也可能是调查时的年收入出现误差所导致。这也说明了脱贫之后也要进行跟踪式的动态管理。

二 收入来源

务工为贫困户最主要的收入来源。问卷中关于收入来源的指标体系和统计口径，除了工资性收入、农业经营收入、非农业经营收入等一般性劳动所得收入外，还包括赡养性收入、低保金收入、养老金或离退休金收入、补贴性收入（救济、农业及其他）。其中，务工的总收入在贫困户家庭年总收入中占比64.5%，比例最高。这说明，务工经济、转移就业对脱贫至关重要。其次是农业收入，占13.7%，由此可见，农业收入是一项基础性收入，加大农业生产扶持力度仍然是扶贫的一个要素。但是农业性收入与务工收入相比较，还是略显微薄，故而对如何发展农村产业、贫困户在其中扮演何种角色，需要进行谨慎考量。

在调查样本中，仅有一户五保户和一户低保户（有农业性收入）没有工资性收入，也就是有一户五保户只能依靠养老金、低保金等救济收入作为收入来源，这代表了贫困户中最困难的群体。这也说明了低保救助等保障式扶贫对特困户维持基本生活的重要性。另外，问卷中还涉及当地扶贫产业的问题，大部分贫困户都参与了由扶贫办组织开展的种植业或养殖业的短期培训，少部分没有参与的贫

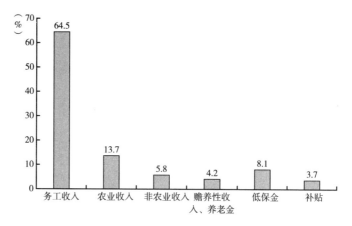

图 3-1 寨下村贫困户家庭收入的来源

资料来源：精准扶贫精准脱贫百村调研寨下村调研。

说明：本书统计数据，除特殊标注外，均来自寨下村。

困户，据问卷其他部分信息可知，均为因残疾、生病等缺少劳动力的情况。另外，大部分贫困户家庭都收到了产业扶贫项目发放的养殖种苗（类似鸡鸭牛），最高获得的扶持资金为 5000 元。其中，两户贫困户家庭贷款 50000 元进行产业发展。

三 家庭支出状况

贫困户家庭年平均支出为 13650.9 元。在问卷中，课题组设计了家庭支出这一项问题，以了解贫困户家庭的家庭支出状况。支出项目的指标体系和统计口径，包括食品、医疗（报销后的）、教育、礼金等日常生活支出，以及养老和合作医疗保险费。数据分析结果显示，贫困户家庭年平均支出为 13650.9 元（如表 3-3 所示），极大值为 42000 元，极小值为 0 元（跟踪到该问卷，了解到该贫困户为一名单身中年男子，并有农业性收入，故在食品支出上可以自给自足，但仍不排除是调查对象隐瞒了一些支出情况）。

表3-3　2017年寨下村贫困户家庭年总支出状况（N=30）

单位：元

	极小值	极大值	平均值	标准差
家庭年总支出	0	42000	13650.9	10796.57

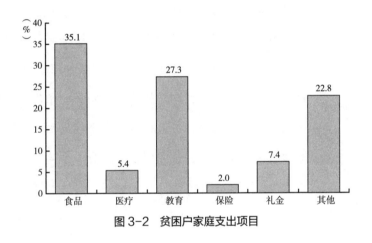

图3-2　贫困户家庭支出项目

如图3-2所示，贫困户家庭支出的项目，其中食品支出比例最高（占比35.1%），其次为教育（占比27.3%）。其中需要说明的是医疗支出，虽然在图3-2中体现出的占比不高，但那是因为这是报销后的医疗支出。贫困户的住院治疗可以报销90%的医疗费，部分特困家庭住院是全部报销，故而贫困户家庭在医疗方面花费总体上来说并不高。这说明医疗保障对于贫困户家庭的帮助起到了非常重要的作用。

第二节 个体因素

　　精准扶贫强调精准到户、因户施策、因贫困原因施策，因此不仅要关注区域因素，更要关注家庭个体因素，对贫困户家庭的问卷调查发现，贫困户选择的都是从自身、个体因素分析自己家庭贫困的原因，比如"生病""残疾""上学"等（如图 3-3 所示）。当然也有可能是访问员自己根据对贫困户的访问进行选择的。笔者认为，这体现了贫困户一种横向比较的视角。对一个地区尤其是一个村落而言，基础设施、交通状况、自然条件都属于共性因素，是普遍性条件，但在同样的地区、同样的条件下，有些村民仍然能发家致富，过上相对较富裕的生活。在这种分化的背景下，贫困户就会倾向于从自身、个体、主观的方面去分析自己贫困的原因，而淡化区域共性因素的影响。

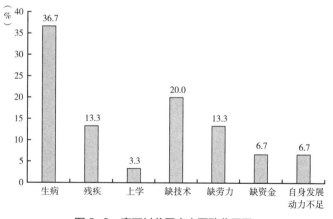

图 3-3　寨下村贫困户主要致贫原因

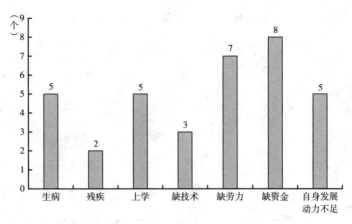

图3-4 寨下村贫困户其他致贫原因

"生病"是首要的致贫原因。调查问卷中，有一项是主要致贫原因，该题共列举了12项因素，单选。调查发现，"生病"是最普遍的致贫原因，36.7%的贫困户选择了该因素。其实这也从侧面说明了，为什么贫困户家庭在享受医疗高比例报销的救济政策之后，家庭生活状况会大大改善。

据调查，因病致贫的关联性因素包括：一是因为家庭成员患病（尤其是长期慢性病或大病）可能使家庭失去重要的劳动力和收入来源，不仅是病患者，还包括护理照料病患者的家人的工作也受到影响。二是患病者的治疗和康复，尤其是大病的治疗，以及慢性病的长期治疗，将给家庭带来沉重的经济负担。因此，政府要尽快完善对农村人口的医疗保障政策，以及加强商业保险等补充性医疗保险的宣传，社会组织也要积极建立相关大病帮扶救助的渠道。三是大病救助的动态性、及时性非常重要。很多农村家庭对政策上的大病救助不了解甚至完全不知道，不懂或者没有时间精力去申请相关方面的救助。这也体现了政策制定者与政策受惠者之间的传达环节出现了一定的问题，传达是否及时、传达是否完全、传达是否到位都会导致政策的具体实施与政策的制定初衷之间出现一定的落差。而在一户突发大病的农村家庭，这很有可能会导致该家庭迅速陷入贫困，如果这时对贫困户的选择没有及时动态管理，那么该家庭将会遭受灭顶之灾，甚至濒临解体。

另外"残疾"也是与"生病"类似的致贫原因，不过残疾一般是先天性的，也就不会像生病尤其是大病那样具有突发性，也就减少了一些对家庭经济的冲击性。但残疾者本身的缺陷，也同样可能使家庭失去重要的劳动力和收入来源，不仅是残疾者，还包括护理照料残疾者的家人的工作也受到影响。

"缺技术"是致贫的关键性因素，20%的贫困户选择了该项因素。据入户访谈调查结果得知，贫困户家庭的务工性收入微薄，与缺乏该工作技术是紧密相关的，从事纯体力性的工作，难以得到较高的收入。选择"缺技术"的贫困户家庭占比较高，这既反映了贫困户能力和技能的缺乏，也反映了贫困户对自我发展能力的信心不足和对机会选择不平等的无奈，处于阿玛蒂亚·森所说的"可行能力"剥夺的困境。因此，要加强对贫困户的能力建设，提升贫困户技能，培养贫困户自我发展的能力和信心。据调查得知，该村扶贫部门也曾组织过短期（2天）的种植业培训，但若要提高贫困户家庭劳动力的劳动技术水平，或许要更有针对性地进行职业技术培训。后期的工作引荐，类似于扶贫车间，应优先招募属贫困户的工作人员，这样才能一体化地实现贫困户的就业帮扶，促进贫困户家庭收入的提高，从而达到扶真贫、真扶贫的政策响应。

同时"缺劳力"似乎是"生病"和"残疾"的伴随性因素，贫困户家中有患病或残疾的家人，一方面会缺少病患或残疾者这一员劳动力，另一方面病患或残疾者可能会需要部分照料从而导致家中其他劳动力的工作受到影响。缺少劳动力，正所谓"巧妇难为无米之炊"，产业扶贫和就业扶贫在这里都发挥不了作用，似乎只能用救济金进行填补式扶贫，那是否别有他法呢？一方面，对病患和残疾者尽可能地提供康复医疗机会，减免康复费用，这会大大降低贫困户家庭的经济重担。另一方面，发掘病患或残疾者的潜能，提供适合他们的就业岗位或特色产业，也是对病患和残疾者的能力的肯定和积极发挥。另外，成立相关病患或残疾者照顾帮扶小组，可以大大减轻照料者的压力，以便于照料者正常工作，这也能为贫困户家庭增加收入。

"缺资金"在其他致贫原因中比例最高。调查问卷中，有一项是主要致贫原因，该题共列举了 12 项因素，可多选或不选。其中有八户贫困户选择了该项因素。"缺劳力"和"缺技术"紧接着就是"缺资金"，劳力、技术、资金是产业发展的三大要素。若要进行产业发展，那么资金是非常关键的因素之一。前面提到，有两户贫困户贷款 5 万元进行产业发展，可见政府对产业发展的贷款优惠政策起到了一定的效果。在几乎全覆盖的养殖业产业扶持中，政府发鸡苗等以及发放一定数额的扶贫资金，这样的方式是否可持续，是否能够实现贫困户的真正脱贫，还有待考究。

第三节　区域环境因素

据调查资料统计发现，没有一户贫困户选择"交通条件落后""灾害"等区域共性因素，前面提到，这体现了贫困户一种横向比较的视角。对一个地区尤其是一个村落而言，基础设施、交通状况、自然条件都属于共性因素，贫困户会倾向于从自身、个体、主观的方面去分析自己贫困的原因，而淡化区域共性因素的影响。但这并非意味着区域性因素不重要，贫困户未看到的是区域环境的改善和发展机会的增加已经大大降低了区域贫困的发生率，减少了大批贫困人口，也就是说区域环境的改善将给贫困户带来更多脱贫致富的机会。例如更多高工资的就业机会，很多人因为家庭因素（如家中有需要照料的老人小孩或者病患）和自身能力因素无法外出务工，也就错失了很多较高薪工作和能力提升的机会，区域发展势必带来更多的就业机会和培训机会，这就为他们提供了提高家庭收入的一个重要机遇。

事实上，区域环境因素在研究农村贫困中已得到学界广泛的认同。关于区域性贫困的成因，目前学术界有两种观点：一是认为，地理环境偏远，交通、通信、能源等基础设施也相对落后，导致对于自然资源的开发利用不足或外向型经济的发展不足，从而造成贫困。二，把贫困归因于自然资源匮乏或结构不合理[①]。

对区域性因素的认识有助于从整体层面、基础层面解决贫困地区发展动力不足的问题。基础设施投入与建设的影响是整体性的、基础性的、全局性的，能够极大地改变贫困地区尤其是偏远的贫困山区的发展面貌，带动贫困地区脱贫致富；而产业的培育和发展对农民收入的提高有直接的影响[②]。

[①]　蒋国河：《发展性社会工作视角下的农村反贫困实践》，《江西财经大学学报》2018年第6期。

[②]　蒋国河：《发展性社会工作视角下的农村反贫困实践》，《江西财经大学学报》2018年第6期。

第四章

万安县精准扶贫的工作机制与政策

第一节　扶贫组织机制

一　驻村工作队的选择

驻村是指扶贫干部居住在村委会，与村民同吃、同住、同劳动。以一周为例，万安县要求当地驻村干部每周至少驻村 5 天，每天还需在该县的脱贫攻坚平台上通过 GPS 定位系统打卡签到。驻村干部需深入所驻村的群众家中，切实了解村民的家庭情况，及时帮助村民解决所遇到的困难。

2015 年 6 月，习近平总书记在贵州考察时，提出了"六个精准"，进一步丰富了精准扶贫内涵，即"扶持对象精准、项目安排精准、资金使用精准、措施到户精准、因村派人精准、脱贫成效精准"，并强调，扶贫开发"贵在精准，重在精准，成败之举在于精准"。"六个精准"的提出，为精准扶贫指明了努力的方向。

为了贯彻这"六个精准"，潞田镇党委、政府在扶贫队伍的选择上，坚持强化保障、夯实基础、健全脱贫攻坚支撑体系的目标。通过实地调研，笔者了解到，潞田镇在扶贫工作方面制定了"三抓"的工作机制，即一抓队伍和分工，成立了潞田镇脱贫攻坚工作指挥部及其办公室，由党委书记任总指挥，镇长任副总指挥，人大主席为总协调并主管脱贫攻坚工作，党政班子成员也都分别负责农技、水利、畜牧、林业等工作，抽调技术人员组成了与扶贫工作相对应的产业扶贫、基础设施扶贫、安居扶贫等十个专项工作组，保证责任到各工作组，任务落实到个人。二是抓保障和督查，对于扶贫工作，潞田镇专门成立了督查组，对各村的扶贫任务进行不定期督查，对未完成任务的村及干部个人进行会议通报。三是抓责任和帮扶，潞田镇每个村都有驻村工作队，一般由第一书记任驻村工作队队长，县直帮扶单位的干部和驻村的大学生村官任队员，每月需驻村 20 天以上，同时，潞田镇还实行了挂村帮扶工作制，即由一名党政班子成员带领 2~3 名镇机关干部组成帮扶工作组负责一个村的帮扶工作，潞田镇的驻村扶贫工作都落实到了个人，该镇实行一名镇机关干部帮扶 5~7 户贫困户和镇村干部"1+n"包户帮扶的工作责任制，使潞田镇的驻村帮扶工作得以全覆盖。村级扶贫工作接受乡镇党委的监督与管理，受 A 镇党委政府领导，每周五下午，潞田镇都会召开机关干部及各村书记、主任会议，对每周的扶贫工作任务完成情况进行通报。

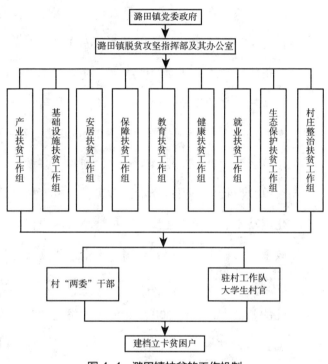

图 4-1　潞田镇扶贫的工作机制

寨下村村"两委"干部主要由党支部书记黄贤柏、村主任郭久珍、村级报账员梁礼平、妇女主任刘满英、村委会委员李才洋组成。寨下村驻村帮扶单位为万安县住建局、万安县建设银行、潞田镇人民政府。其中潞田镇副镇长刘纯柱担任驻村工作队队长，万安县住建局的副主任科员肖长春担任驻村工作队第一书记，县建设银行的办公室主任曾照辉为驻村工作队成员。此外，万安县扶贫办还安排了 11 名在编干部对全村 67 户贫困户实行帮扶全覆盖。

按照上级要求，驻村工作队所有成员每月需驻村 20 天以上，并制定了相应的脱贫实施方案，按照脱贫方案积极落实了扶贫项目。一是走村入户开展服务，及时掌握贫困户的生产生活困难，并切实去解决这些困难，宣传扶贫扶志正能量。二是帮助发展产业，对享受过"1+1、1+2"产业帮扶资金的发放价值 500 元的鸡鸭幼苗；对没有享受过"1+1、1+2"产业帮扶资金的给予 5000 元的养牛、鸡、鸭、鱼等产业奖补。三是落实基础设施和公共设施建设，与上级单位衔接申报项目资金，落实村级电商扶贫站、村级文化活动室、卫生室建设。四是整理贫困户档案和落实扶贫政策，与村干部一起到贫困户家中，认真核对贫困户信息并登记好。五是落实光伏产业，寨下村在原来装有 36 千瓦的基础上，新增 100 千瓦的光伏发电。六是落实村庄环境整治，驻村工作队成员与村"两委"干部、村保洁员，对全村环境进行了各种专项整治，改变农村杂、乱、脏现象。七是落实镇、村级"脱贫先进户"的评选工作，通过与群众结亲交友式的帮扶，拉近了与群众距离。

二 扶贫工作队的要求

（一）严格选派、狠抓培训

严格选派、狠抓培训，一直是万安县对扶贫干部的要求。潞田镇党委政府结合扶贫工作实际和干部队伍现状，坚持因村派人、因人定村、人岗相适的原则，积极协调各村、合理安排，严格按标准择优选派"第一书记"和帮扶干部，确保将能力素质高、责任意识强、工作作风扎实的干部选派到"第一书记"岗位和帮扶工作干部队伍。并采取集中培训、边干边学等形式对"第一书记"和帮扶干部进行镇情、村情、台账资料整理归档、帮扶等工作培训。

（二）精准服务，细化管理

精准服务，细化管理，明确了第一书记和帮扶干部的职责，要求第一书记和帮扶干部严格按照自身的工作职责开展工作。并通过采取定向抽查、电话督查、随机抽查等方式，随时掌握第一书记和帮扶干部到岗及履职情况。潞田镇党委政府多次组织召开第一书记和帮扶干部工作汇报会，逐一听取各村扶贫工作的推动情况。潞田镇党委政府加强对第一书记和帮扶干部的工作督查，特成立了督查工作组，不定时对驻村工作队的扶贫工作进行督查，督促第一书记和帮扶干部自觉遵守工作制度。并将督查结果和平时掌握的情况，作为评优评先的重要依据。

（三）明确职责，狠抓落实

明确职责，狠抓落实，要求第一书记和帮扶干部把熟悉农户的家庭情况、摸清家底作为前期工作的主要内容，深入农户开展走访调研，详细了解所驻村群众生产生活、基础设施建设和产业发展等情况，大力宣传扶贫政策，共同商讨发展对策，制订帮扶工作计划，帮助贫困户解决生产生活中遇到的实际困难。

第二节　精准扶贫的工作内容

一　精准规划

2018 年以来，潞田镇在坚持习近平总书记扶贫开发战略思想的基础上，同时兼顾了江西省委提出的"核心是精准、关键是落实、确保可持续"和吉安市委"三个到位、志智双扶、两表公开"要求，切实贯彻落实县委、县政府《关于坚决打赢脱贫攻坚战的实施意见》文件精神，坚持把脱贫攻坚作为最大的政治任务和最大的民生工程来落实，做到真扶贫、扶真贫。

按照上级要求，脱贫攻坚，规划先行。潞田镇党委政府坚持细到村组，围绕交通、饮水、住房、产业发展、公共服务等热点难题，在充分实地调研和广泛征求群众意见的基础上，制定了产业发展、安居工程、基础设施建设及就业保障扶贫专项规划方案。坚持精准到户，围绕"脱贫"目标，帮扶单位领导和镇村干部一道，帮助每个村、每个贫困户根据自身特点和发展意愿，制订了脱贫致富计划，切实提高了扶贫工作的精准性、有效性和持续性，探索了建立精准扶贫机制的实现途径。

二　分类施策

（一）抓基础设施，优化脱贫载体

潞田镇加大对基础设施建设的资金投入，实现了"村村通"水泥路工程，解决了"行路难"问题，改善了镇村交通条件，方便了群众出行；开通了程控电话、移动基站、网络通信，解决了"通信难"问题；完成了农电网改造，解决了"用电难"问题；完善农村安全饮水工程，惠及村民2000余人。完成了小（二）型水库除险加固和排灌设施，确保灌溉和度汛安全。潞田镇为七个非贫困村安排了335.2万元资金，对所有建档立卡贫困户进行改路、改水和改厕，安排120万元资金为三个贫困村所有建档立卡贫困户改路、改水和改厕，极大地改善了贫困户的生产生活条件。在脱贫攻坚工作中，潞田镇紧扣"拆、留、清、建"四个字推进村庄整治和新农村建设。其中"拆"即拆除有碍观瞻的破旧低矮空心房，"留"即保留古屋古道古桥祠堂等具有历史文化底蕴的建筑，"清"即清理污泥池塘河道垃圾，"建"即通户路硬化、房屋立面改造、安全饮水设施等建设。全面实施村庄"七改三网"项目，即改路、改水、改厕、改房、改沟、改塘、改环境，建设电力、广电、电信网络。至今完成了8个村庄整治点的建设，项目资金 160 余万元；2017 年完成 9 个新农村建设点的建设，项目资金 270 万元；2018 年完成 19 个新农村建设预选点的建设，项目资金 560 万元，乡村面貌焕然一新。寨下村 2017 年共投资 170 万元对罗塘、圳背、黄陂、南玄、洞紫霞、樟树下、河背 7 个重度贫困村小组实施了村庄整治。主要实施项目有危旧土坯房拆除、土地平整、排水沟、路面硬化、房屋粉刷维修、改水改厕改环境等。

（二）抓产业发展，拓宽增收渠道

第一，帮助贫困户发展产业。通过干部帮扶和资金奖补方式，拓宽贫困群众稳定增收的渠道。潞田镇全镇 568 户建档立卡贫困户自主发展家禽、家畜、水产养殖、中药材、果业、毛竹、油茶、光伏等产业，获得奖补资金 145.751 万余元。23 户贫困户申请了 3 万~5 万元产业发展贷款 110 万元，享受 3 年内免担保、免抵押和财政全额贴息。寨下村 67 户建档立卡贫困户实现了产业全覆盖。2018 年有 57 户建档立卡贫困户家庭通过发展养鸡、鸭、牛、鱼等产业增加收入，获得产业奖补资金 8.4355 万元，有 1 户贫困户在屋顶安装了 3 千瓦的光伏发电，年可增加收入 3000 元左右。

第二，产业合作社的发展。帮助无劳动能力和没有生产条件（全家被纳入低保保障）的贫困户加入合作社，全镇 86 户贫困户通过向万安农商银行申请"产业扶贫信贷通"进行产业合作，加入万安县永生红豆杉种植合作社，合作社每年分红 3000 元（这是固定收益）。潞田镇政府给寨下村 7 户无劳动能力和没有生产条件的贫困户申请了两年"产业扶贫信贷通"。2014~2017 年潞田镇已享受产业资金扶持的农民专业合作社有 6 个，资金 80 万元，其中20% 用于合作社综合服务建设，80% 量化到 120 户贫困户，作为股金参与收益分红。寨下村黄金茶、东村村何首乌、高坑村油茶毛竹、潞田村竹荪灵芝以及井冈蜜柚等产业已成为贫困户脱贫致富的主导产业。

第三，建设产业基地。因地制宜发展特色产业，因户施策保增收，实现"村村有扶贫产业"的产业发展全覆盖目标。在调研中，我们了解到潞田镇田心村种植油茶 100亩，东村村种植何首乌 139 亩，邹江村种植油茶 68 亩，银塘村种植油茶 58 亩，高坑村种植菊花 70 亩，读堂村种植菊花 60 亩，下石村油茶基地种植了 50 亩，楼下村种植何首乌 55 亩、菊花 50 亩；此外，寨下村 250 亩、潞田村200 亩菊花基地已整好地。各村下一步将加强对已建成产业基地的管理，全面落实贫困户利益联结机制。

（三）抓安居扶贫，做好"民心"工程

潞田镇牢固树立"对象就是任务、任务必须完成"的工作理念，明确"应拆尽拆、应改尽改、应修尽修"的工作要求，组织工作人员对 D 级危房进行全面清查，做到全面彻底、不漏一户。严格按照"一户一宅"政策，对无人居住的 D 级危房要坚决予以拆除，目前已拆除危旧房正栋 169 栋 16800 平方米，拆除附房 1369 栋 34200 平方米。将仍居住在 D 级危房的建档立卡贫困户等"五类人员"，全部纳入 2019 年新建计划，将仍居住在 C 级危房的建档立卡贫困户等"五类人员"，全部纳入维修计划。对危改对象精准识别，实行动态管理，全镇上报新建 96 户（其中自建 83 户，代建 13 户），维修 346 户（其中四类对象 95 户，一般农户 251 户）。同时，在全镇开展了垃圾集中整治活动，对全镇各村区域内公路两侧、江河塘沟渠和村庄周边及出入口开展随意倾倒、堆放垃圾现象的集中清理整治，实现村庄干净整洁、井然有序。电力、广电、电信网络实现全覆盖。

（四）抓技能培训，增强造血功能

针对贫困群众的实际需求，潞田镇把就业扶贫摆在重要位置，不断强化政策落地，通过创新开展转移就业扶贫、助推创业扶贫、精准培训扶贫、人才支撑扶贫等系列活动努力创造适合贫困群众的就业岗位，助力贫困群众脱贫致富奔小康。潞田镇镇政府与万安县就业局在 2017 年 5 月 2 日举行了建档立卡贫困户黄金茶种植培训，参加培训的劳动力有 52 人，其中贫困户 16 人；2017 年 5 月 4 日举行了红豆杉种植培训，参加培训的劳动力有 96 人，其中贫困户 43 人参训。2017 年全年举办村级贫困劳动力就业培训 6 期，培训劳动力 339 人。潞田镇现有县外就业的贫困人口 444 人，县内就业的贫困人口 541 人，还未就业的有 21 人。2017 年万安恒力鞋厂、南通服饰、协讯电子和创科鸿电子分别在潞田镇潞田村、东村村和高坑村设立就业扶贫车间 4 个，吸纳了 58 名贫困劳动力就业，为贫困户在家门口就业创造条件，增加收入。设立保洁、护林等公益性岗位66个，为贫困家庭增收44.2万余元。2018年3月潞田镇陆续举办了6期贫困劳动力技能培训班，累计培训180余人次，实现了全镇10个村全覆盖和在家贫困劳动力技能培训全覆盖。寨下村大约有380个劳力外出务工，约占全村人口的22%左右，主要在广东、江苏等外地务工和在县工业园区务工，可以获得人均3500元／月工资收入。同时，寨下村在村里安排公益性岗位保洁员7个、生态护林员5个，增加了无法外出务工贫困人员的收入。

（五）抓生态建设，发展"绿色银行"

潞田镇党委、政府按照生态林业和民生林业统筹发展的理念，将扶贫工作和生态建设结合起来，潞田镇36名农村贫困人口就地转化为生态护林员，生态护林员积极发挥作用，做到了"山有人管、林有人护、火有人防"，同时，自2016年10月开始生态护林员每季度拿到2500元护林工资，共计36万元，促进了贫困户增收。

（六）抓协调推进，突出民生保障

2017年潞田镇建档立卡户共享受民政资金2006595.19元，其中农村低保共有245户585人，共享受资金1463445元，自主提高245户建档立卡贫困户585人的低保，72612元；医疗共救助137人146949.09元，自主提高70个建档立卡贫困户的救助费共计14626.1元；临时救助共有 9 户 10 人，20500 元；分散供养五保对象共有 9 人，全年发放资金 41280 元；全年向 21 人发放救灾资金 49100 元；全镇有享受优抚补助对象 9 人，发放优抚金 37013 元，八一走访优抚对象 9 人，慰问金 2700 元；退役士兵自主就业一次性经济救助 2 人共 31500 元；义务兵家庭优待金 2 人 18120 元；80 岁以上老年人高龄补贴共 52 人 31200 元；残疾人两项补贴共有 91 人 77550 元。

（七）抓好教育工程，激发内在动力

以建档立卡贫困家庭受教育学生为重点，实施资助就学优先，确保贫困家庭学生受教育权利，确保不让一名学生因贫辍学，目前全镇无一名学生因家庭困难而辍学，建档立卡贫困户学生入学率达到 100%。实施资助贫困家庭学生就学全覆盖，落实好各项资助政策，实现教育扶贫精准到人，保障贫困家庭学生就学，从制度上消除因贫失学辍学现象。2016 年上半年，全镇共 279 名建档立卡贫困户学生享受教育扶贫补助 201200 元；2016 年下半年，共 362 名建档立卡贫困户学生享受补助 448960 元；2017 年上半年，共 305 名建档立卡贫困户学生享受补助 247080 元，2017 年下半年，共 311 名建档立卡贫困户学生享受补助 341450 元。同时，在全镇范围内开展"脱贫先进户"评选表彰活动，激发贫困户勤劳致富脱贫光荣热情，2017 年共评选出村级"脱贫先进户"200 户（每村每季度评选一次），镇级"脱贫先进户"50 户（每半年评选一次）。2016 年寨下村受教育资助 53 人，发放资金 8.308 万元；

其中学前教育 5 人，小学 20 人，初中 10 人，高中 15 人，高职 3 人。2017 年寨下村全村受教育资助 48 人，发放资金 8.586 万元；其中学前教育 2 人，小学 18 人，初中 12 人，高中 10 人，高职 6 人；实现符合政策补助全覆盖，全村无论是义务教育年龄段还是大中专高等院校均无因贫辍学和上不起学现象发生。

（八）抓健康扶贫，降低返贫风险

潞田镇高度重视健康扶贫工作，2016 年完成五个村公有产权村卫生室建设，并通过了验收，乡村医生全部入驻新卫生室办公。2017 年四个村公有产权卫生室建设已全部完成了改建或新建任务。2016 年至今共完成贫困孕产补助金 100 人次，共计补助 3 万元。2017 年潞田镇卫生院共完成 10 个村的免费体检工作，共体检 1752 人，其中建档立卡户 759 人。2017 年潞田镇共有 2235 名建档立卡贫困人口由县财政全额代缴新农合 150 元 / 人，共计 335250 元；大病保险 40 元 / 人，共计 89400 元；商业补充保险 100 元 / 人，共计 223500 元。潞田医院建立了扶贫病床 4 张，实行了先诊疗后付费政策，落实了建档立卡户政策规定的住院免收起付线和床位费，2017 年 1~12 月，在潞田医院住院者共减免住院起付线 134 人次，金额 13400 元，减免床位费 8504 元。寨下村贫困户通过基本医疗、大病医疗保险、大病商业补充保险、民政医疗救助、财政自主提高补偿等五道防线，有效地防范了因病受困返贫情况发生。同时，2016 年有 13 户贫困户因病治疗花费 40.61 万元，报销 31.88 万元；2017 年有 22 户贫困户因病治疗花费 18.26 万元，报销 17.42 万元。

三　广聚合力

政策与资金的帮助是加快脱贫步伐的重要依托，潞田镇汇聚各方支持，为脱贫攻坚、助力摘帽形成了良好工作态势。一是上级领导和单位挂点帮扶。万安县委副书记傅小林挂点潞田镇督促指导全镇脱贫攻坚，市县检察院、县住建局、房产局等单位分别挂点潞田镇 3 个贫困村，帮助制订脱贫计划，争取资金项目发展产业，改善基础设施条件，有力地推动了脱贫攻坚进程。二是镇政府多方带动筹措资金。按照"统筹安排、集中使用、性质不变、渠道不乱"的原则，积极整合发改、交通、水利、住建、国土、财政、民政、扶贫、农业、林业等政策性资金，带动激活了公益慈善、企业、商会组织等社会资源。三是辐射放大群众团体能量。充分发挥统战、工商、共青团、妇联、科协、残联等群众团体作用，依托在外乡籍企业家、乡籍离退休老干部等多种联系广泛的渠道优势，加强纵向、横向交流与沟通，让各种社会力量参与到脱贫攻坚行动中来。

四　着眼未来，注重长效

脱贫摘帽不是最终目标，让贫困群众稳定脱贫、同步小康才是不懈的追求，为此，潞田镇着眼长远，注重激发内生动力，夯实基层基础，巩固脱贫成果。

（一）激发内生动力

为帮助贫困户摒弃"等靠要"思想，大力推进"志智"双扶工程，有效激发内生动力，点燃脱贫"引擎"。通过技能培训、产业奖补、信贷支持，把"想干、敢干"的贫困户扶起来，通过示范引领、模范带动，开展脱贫先进户和脱贫典型评选等活动，把没有脱贫动力的人激发起来。坚持每季度评选 50 户村级"脱贫先进户"和每半年评选出 50 户乡镇级"脱贫先进户"，多形式广角度地大力宣传，让贫困户学有榜样、行有示范，不断激发"我要脱贫"的内生动力。

（二）发展长效产业

要稳定脱贫，必须坚持产业为根，潞田镇在产业扶贫过程中，既要考虑群众短期产业收益，又得考虑群众的长效产业发展。为此，万安县积极引导、扶持贫困户发展井冈蜜柚、何首乌、油茶、茶叶、毛竹等各具特色的长效产业，确保贫困户实现长效稳定增收。一是为 436 户贫困户免费提供柚苗 3.5 万余株，推进"一户两亩"井冈蜜柚保底工程，连续三年给予 200 元/亩的抚育奖补资金。二是为有产业发展意愿的 23 户提供免担保、免抵押、全额贴息小额信贷资金 1.13 万元，解决产业发展缺资金难题，助推贫困户长效产业发展。三是财政安排 3000 元/亩奖补资金，推进全县各行政村建立产权归属村集体的产业扶贫基地，实现每户 1 亩以上长效产业全覆盖，为每一户贫困户打造一个稳定增收的"绿色银行"。

（三）壮大村集体经济

针对村级集体经济"空壳"现象严重，潞田镇以增强村级自身造血功能为着力点，通过建设光伏发电站、盘活资产、服务创收等模式，实施壮大村级集体经济三年攻坚战略，因村施策、多措并举，发展村级集体经济。在 2016 年投入 60 万元为两个贫困村建设光伏发电站的基础上，2017 年结合光伏扩面工程，再投入近 630 万元，支持全镇所有行政村建成一个 100 千瓦的集中式光伏电站，实现了村村有光伏电站，每年可为每个村带来近 10 万元的村集体经济收入，村里保证其中 5 万元用于为贫困户解决公益性岗位和对特殊困难贫困户加以救助后，将其他发电收益用于村公益事业，此举有效增强了村级组织造血功能，提升了村级组织带领村民脱贫致富的能力。

（四）打造不走队伍

潞田镇坚持"党建＋扶贫"，一方面鼓励外出务工创业"能人"返乡创业助推脱贫攻坚；另一方面按照"政治素质强、发展能力强"的标准，引导外出务工创业"能人"等到村"两委"挂职，经过培养后，选聘优秀的担任村书记、主任。目前，已有十多位返乡创业"能人"到村任职。2017 年结合村（社区）"两委"换届，出台了《关于进一步强化村（社区）后备干部选拔培养的工作方案》，采取结对帮带、压岗锻炼等多种形式，对村级后备干部进行动态管理，在脱贫攻坚一线选拔培养村级后备干部。近两年来，潞田镇全镇挖掘培养村级后备干部十多名。同时健全了一镇一村扶贫工作站室，10个行政村扶贫工作站室都做到人员、机构、经费、场所"四固定"，打造了一支不走的扶贫工作队伍。

第五章

寨下村扶贫政策落实到户的过程

第一节　寨下村贫困户的评定方法

通过调查，我们发现2014年万安县潞田镇共有建档立卡贫困户1161户4276人，其中寨下村共有建档立卡贫困户127户431人。该村贫困户的评定方法主要分为五步：第一步，2013年，农户自行向村委会递交申请书，申请书需包含家庭成员的基本情况及家庭年人均纯收入；第二步，召开村民代表大会民主评议会，让村民代表对所有提交了贫困户申请的农户进行无记名投票；第三步，对投票名单进行公示一周；第四步，召开村"两委"会议，讨论民主评议会上选出的贫困户名单，上报镇政府；第五步，镇政府审核后，评定名单上的农户符合要求即再次公示。

这是最初评定贫困户的方法，随着政策的不断完善，村民的生活水平也逐渐提高，各级政府对照江西省颁布的"七清四严"标准，对贫困户名单进行了逐一核查和调整，将一部分不符合新要求的贫困户移出了这个建档立卡系统。

"七清"对象是指：第一，在集镇、县城或其他城区购（建）商品房、商铺、地皮等房地产（不包括搬迁移民扶贫户）或现有住房装修豪华的农户；第二，拥有家用小汽车、大型农用车、大型工程机械、船舶等之一的农户；第三，家庭成员有私营企业主，或长期从事各类工程承包、发包等营利性活动的，长期雇用他人从事生产经营活动的农户；第四，家中长期无人，无法提供其实际居住证明的，或长期在外打工、人户分离的农户；第五，家庭成员中有自费出国留学的；第六，因赌博、吸毒、打架斗殴、寻衅滋事、长期从事邪教活动等违法行为被公安机关处理且拒不改正的农户；第七，为了成为贫困户，把户口迁入农村，但实际不在落户地生产生活的空挂户，或明显为争当贫困户而进行拆户、分户的农户。标准中指出对有"七清"情形的，原则上在精准识别贫困户评议中采取一票否决。

"四严"是指：第一，家中有现任村委会成员的农户；第二，家庭成员中有在国家机关、事业单位、社会团体等由财政部门统发工资的，或在国有企业和大中型民营企业工作、收入相对稳定的农户；第三，购买商业养老保险的农户；第四，对举报或质疑不能做出合理解释的农户。标准中指出有"四严"情况的，要从严审核和甄别。

第二节　寨下村各项扶贫政策的落实过程

一　产业扶贫政策的落实过程

在精准扶贫政策的推动下，寨下村全村 67 户建档立卡贫困户都有相应的产业，2017 年有 57 户建档立卡贫困户家庭通过发展养鸡、鸭、牛、鱼等产业增加收入，获得产业奖补资金共 8.4355 万元，有 1 户贫困户在自家屋顶安装了 3 千瓦的光伏发电，年可增加收入达 3000 元左右。村委会给 7 户无劳动能力和没有生产条件的贫困户申请了两年"产业扶贫信贷通"，使得他们每年有固定收益 3000元。通过调研，我们发现该村贫困户的产业分为短效产业和长效产业。

（一）短效产业

2017 年和 2018 年，寨下村的帮扶干部连续两年自掏腰包，给贫困户买了鸡仔和鸭仔，分配到每户贫困户的有20 只鸡仔、30 只鸭仔，均由各帮扶干部送到贫困户家中，村委会还针对养殖家禽开展了技能培训，让贫困户能够更好地养殖这些家禽，待这些鸡仔和鸭仔养到一定数量后，贫困户即可以申请产业奖补资金 5000 元。客观地看，这种办法有利有弊，一方面，对贫困户增加收入确实有些许帮助，都说"授人以鱼不如授人以渔"，发放鸡仔、鸭仔确实可以让贫困户有收入来源；另一方面，对市场而言，将导致供过于求，鸡和鸭的价格下跌，就连镇政府的工作人员都开玩笑地说，镇政府的食堂菜谱上几乎天天不是鸡就是鸭，价格下跌，将有可能导致贫困户的收入微薄，养殖家禽也不是件易事，加上投入，不少贫困户表示鸡、鸭卖不上价，亏本了。这就是短效产业的弊端。

（二）长效产业

一是井冈蜜柚。2016 年，由于上级政府的决策问题，整个吉安市全面种植井冈蜜柚，潞田镇推出了"一户两亩"井冈蜜柚的政策，村委会运用集体经济收入采购了大批井冈蜜柚树苗对贫困户发放，并组织贫困户就种植技术进行了培训，按照自愿的原则，几乎每户贫困户都种植了井冈蜜柚，该产业也可享受 5000 元的产业帮扶资金。但是井冈蜜柚属于长效产业，一般情况下要 4 年才会挂果，5~6 年投产，7~8 年才能进入盛产期，虽然对于长期帮扶贫困户而言产业的优势是可观的，但见效速度过于缓慢，这项产业对于亟待增加家庭收入的贫困户还是不太适合。

二是光伏产业。寨下村的产业特色就是大力发展光伏产业，该村在 2014 年全省推行"千家万户光伏试点"时，就成为吉安市光伏发电的试点村，是全镇第一个安装光伏发电设备的村落，2014 年，寨下村首先在村委会的屋顶以及旁边村小学的屋顶装了 36 千瓦的光伏发电设备，2016 年农户自愿安装 70 千瓦的光伏发电设备，2017 年在产业扶贫政策和当地政府财政的支持下，该村利用荒山荒坡又新增了 100 千瓦的光伏发电设备，其中属于村级集体经济的有 136 千瓦，据寨下村党支部书记介绍，光伏产业不需要维护，是真正利民的好产业，每年村集体经济收入增收了 3 万元，这部分收入按照"433"原则分配，即 40% 用于村级集体收入，30% 用于村公益性岗位支出，30% 用作当年的特困户扶持资金。

三是茶叶种植。寨下村在 2014 年引进了浙商，将 5000 亩土地流转给了浙商，建成"黄金茶种植基地"，通过调研了解到，该基地规模较大，吸收了 30 多户村里的贫困户就业，由于采茶期只有 2~3 季，这一举措给每个贫困户家庭带来了至少 4000~5000 元年收入，同时该基地给固定用工的工资为每月 2000~3000 元。在小额信贷政策的推动下，有十几户缺乏劳动能力的贫困户借贷了 50000 元小额信贷，入股黄金茶种植基地，每户每年可收入 3000 元分红。茶叶种植基地的建成受到了当地百姓的赞扬，他们均认为该产业既没有破坏环境、避免了水土流失，又为当地村民提供了就业岗位，增加了其家庭收入。

二　教育扶贫政策的落实过程

党的十八大以来，习近平总书记对江西工作提出"新的希望、三个着力、四个坚持"重要要求，万安县围绕该要求和"四个全面"战略布局，牢固树立了创新、协调、绿色、开放、共享的发展理念，充分发挥教育在脱贫攻坚中的基础性、先导性作用，扎实推进教育精准扶贫，阻断贫困代际传递，帮助贫困家庭脱贫致富奔小康，坚决打赢教育脱贫攻坚战，力争打造万安县教育扶贫特色。

（一）教育资助

关于教育扶贫方面的资助万安县分为学前教育资助、义务教育资助、普通高中资助、中等职业教育资助、普通高校资助。对于学前教育的资助，万安县对贫困家庭儿童就读普惠性农村幼儿园的，每人每年补贴 1500 元，对在省级示范性幼儿园就读的贫困家庭儿童每人每年补贴 3000 元，这笔资金由县级政府通过统筹财政涉农扶贫资金发放。对于义务教育阶段，实行对义务教育阶段学生免学杂费和免费提供教科书政策。同时，按照小学每生每年 1000 元、初中每生每年 1250 元，特殊教育的小学和初中学生在此基础上增加 200 元的规定执行，另对家庭经济困难的寄宿生提供生活补助。对于普通高中阶段，从 2016 年秋季学期起，万安县对公办普通高中建档立卡家庭经济困难学生和残疾学生免除学杂费，对在民办普通高中就读的符合政策的学生，免除学杂费，这笔资金由当地财政补助给学校；对在全日制普通高中学校和完全中学的高中部就读的家庭经济困难学生，按照每生每年 2000 元的标准发放国家助学金，并在万安中学设立了高中"励志班"，择优录取建档立卡贫困户子女入学，他们除享受国家规定的普通高中国家助学金外，还由县级财政向每人每年再给予生活补助 1000 元；对当年录取全日制高职院校以上的家庭经济困难新生，按录取省内院校每人 500 元、录取省外院校每人 1000 元标准发放高校新生入学资助金，资助解决高校新生入学路费；对当年考取普通高校的家庭经济困难考生，按每人 5000 元标准发放高考入学政府资助金，资助解决大学第一年的基本学习、生活费用。对于中等职业教育阶段，万安县对在中职就读的全日制农村、城市涉农专业及家庭经济困难的在校生免除学费，由县级财政按照每生每年 3000 元的标准给予学校学费补助，对在中职就读的全日制一、二年级涉农专业及家庭经济困难的在校生，按照每人每年 2000 元标准发放国家助学金，扶持建档立卡贫困户家庭中未能升学的初高中毕业生参加职业教育，让他们可以免费学习。对于普通高校阶段，万安县对当年录取到普通高校的新生和高校在读的学生，提供每年 8000~12000 元额度的生源地信用助学贷款。

2016 年寨下村享受教育扶贫政策的有 53 人，共发放资金 8.308 万元，其中学前教育 5 人、小学 20 人、初中 10 人、高中 15 人、高职 3 人。2017 年寨下村享受教育扶贫政策的有 48 人，共发放资金 8.586 万元，其中学前教育 2 人、小学 18 人、初中 12 人、高中 10 人、高职 6 人。该村无论是义务教育年龄段还是大中专高等院校均无因贫辍学和上不起学的现象。寨下村有一所普惠制农村幼儿园和一所最高年级为三年级的村级小学，就读于本村这两所学校的贫困学生均能享受教育补贴，解决了以前贫困村学生上学难的问题。

（二）控辍保学

据调查，我们发现该地政府为执行党和国家的教育方针，巩固提高普通九年义务教育成果，抓好义务教育的普及率和教育教学质量，还与各个村委会签订了"控辍保学责任状"，责任状上指出各村村委会主任为"控辍保学"的第一责任人，必须承担起领导责任，要加强规范化管理，建立行之有效的工作机制，把责任具体落实到人，实行"家访制度""异动学生跟踪制度"等。另外，每学期镇政府将组织人员对各村控辍保学工作进行督导评估，评估结果与该村的责任人评先评优挂钩。这种责任状一方面使得村干部不得不实实在在地落实九年义务教育及教育扶贫政策，另一方面也反映了基层政府工作的压力涉及方方面面。

三 就业扶贫政策的落实过程

在习近平总书记关于加强扶贫开发的重要指示下，吉安市提出要以提升扶贫对象就业创业能力、实现稳定就业为首要工作任务，按照"摸清底数、区分类型、找准问题、分类施策"的思路，以建立扶贫对象台账为基础，以全市各级公共就业服务机构为工作平台，以就业援助、就业培训、产业促进、创业带动为手段，努力实现"就业一人，脱贫一户"。针对就业扶贫，万安县将符合条件的贫困户全部建档，实行实名登记并录入就业扶贫信息系统，并保证每个就业扶贫对象每年至少获得一次就业创业信息服务、就业创业政策咨询、就业指导、职业介绍、技能培训或创业培训等"一对一"免费就业服务；对扶贫对象中有求学愿望却未能继续升学的初、高中毕业生提供免费就读机构院校的机会，使得贫困家庭劳动力掌握一门以上就业创业的技能，让其具备转移就业的基本职业素质。寨下村在落实就业扶贫政策方面，有以下做法。

（一）就业扶贫车间

寨下村开设了一个就业扶贫车间，该车间鼓励外出人员回乡就业，特别便于那些需要照料家庭、无法走太远务工的劳动力就业，使他们能够在家门口就业。当地政府特别鼓励工业园区的企业到各村创办扶贫车间，制定了"百企帮百村"政策，对企业在村办扶贫车间运行半年以上、吸收5位以上贫困户就业的，按每人1000元的标准补给企业；还将符合条件的就业扶贫车间纳入了创业孵化基地管理，对入驻基地的企业、个人单年内所涉及的场地租金、水电费，给予60%的补助。通过实地走访，我们发现寨下村的扶贫车间就位于105国道旁，交通便利，主要从事服装加工业及手工业，由各企业在接单后派专人将原材料运到车间，待工人们完工后再运回企业包装、出售。在车间就业的多为村里的妇女，工资通过计件的方式结算，工作时间也较自由，比如到了下午4点左右，有妇女要去接小孩放学，便可提前下班，不需要接小孩的工人便可继续工作。据了解，她们的工资不低于最低工资标准，平均每人每月可收入1200元以上，对于没有特殊困难的贫困户基本可以实现"一人就业，全家脱贫"。

（二）劳动力就业培训

寨下村针对当地企业的用工需求，有针对性地开展了贫困劳动力就业技能培训，提升了贫困家庭成员的就业能力。基于寨下村已有一个黄金茶种植基地和一个就业扶贫车间，村委会对贫困劳动力多次组织了茶叶采摘、油茶种植培训和手工培训。截至目前，2018年寨下村已开展了三次就业技能培训，其中有24位贫困劳动力参加了茶叶采摘、油茶种植培训，18位贫困劳动力参加了手工业培训，12位贫困劳动力参加了家禽养殖培训。

（三）介绍贫困户就业

每年春节过后，县园区企业都会进行大量招工工作，而各地基层政府也会要求每位干部帮助贫困户介绍就业岗位，甚至这个要求还成为基层干部绩效考核的一个硬性要求，各级政府层层分配任务，县级政府规定各乡镇的招工数量，乡镇政府则规定各位干部和各村的招工数量，本是一件对贫困户有益的工作，强加上量化考核反而变了味。鼓励贫困户到县城园区企业就业，是一件"双赢"的事情，对于企业来说，解决了用工的问题，对于贫困户来说，园区企业务工收入高、离家近，贫困户还能享受每月从县城往返家中的车费报销政策。

四　基础设施扶贫政策的落实过程

基础设施扶贫政策目的在于精准解决贫困地区行路难、饮水难、用电难等问题，致力于改善民生，促进农村经济发展，推动贫困地区和贫困人口限期脱贫、精准脱贫。寨下村在落实基础设施扶贫政策方面，有以下做法。

（一）交通方面

万安县对 2016 年完成 3.5 米水泥路建设的贫困村，在验收之后核拨资金，对 25 户以上自然村通村道路，除了上级安排的每公里 10 万元补助外，不足部分，属于"十三五"贫困村的，由县财政按照每公里 15 万元的标准补助，不属于贫困村的，由县财政按照每公里 10 万元的标准补助。寨下村在交通方面，采取了全村普惠性全面铺开的政策，对于农户自行施工的，进行奖补，奖补标准为水泥入户路为 1.5 米宽、15 公分厚的，每立方米补助 300 元，在完工验收后将补贴打入农户的一卡通。这一做法，使得家家户户都有了水泥入户路。

（二）安全饮水方面

潞田镇政府依托自身的财政储备，对全镇各村采取了全面铺开性安装自来水工程，保证了每户都通自来水、都有安全饮水，寨下村由于地处 105 国道附近，在第一批安装工程中，已有 7 个自然村安装了自来水，还剩 7 个自然村饮用井水，基本解决了农村饮水难的问题，对于确实还存在困难的贫困户，村委会给予每户不超过 3000 元的补助来解决其安全饮水问题。

（三）电力方面

2017 年，万安县争取了上级补助和企业投资 1840 万元，解决了 34 个贫困村的农网改造工程。作为贫困村，寨下村依托上级政府的财政支持，在电力方面，各自然村全部接通了生产、生活用电，全面覆盖了电信、移动网络。

（四）卫生厕方面

江西省在基础设施方面，对卫生厕也是硬性要求，省里要求各贫困村、贫困户要保证水冲式卫生厕的覆盖率，但据笔者了解，有些省份并没有这个要求，在国家针对贫困县退出专项评估检查工作中，这也不是一个硬性指标。寨下村在这方面，以贫困户自己改造卫生厕为主，对确实有困难的贫困户，在经村"两委"讨论后，给予每户 2000 元的补助；同时，在村里也建造公共水冲式卫生厕。

五　健康扶贫政策的落实过程

健康扶贫是打赢脱贫攻坚战、实现农村贫困人口脱贫的重大举措，是精准扶贫、精准脱贫基本方略的重要实践，是全面建成小康社会的必然要求。健康扶贫政策通过进一步完善居民基本医保制度、健全大病保险制度和重大疾病救治制度，大力开展健康促进活动，加强贫困人口健康管理，加强基层医疗卫生服务体系建设等措施，确保到 2020 年人人享有基本医疗卫生服务，因病致贫、因病返贫问题得到有效解决。万安县在健康扶贫政策方面，实行"一个提高、两个确保、三个全覆盖"政策，即提高贫困人口重大疾病医疗补充保险筹资水平，确保贫困患者住院费用个人自付比例保持在10%以内，确保所有贫困患者能得到及时有效救治和管理，实行县域内定点住院治疗"先诊疗后付费"、"一站式"结算、家庭医生签约服务全覆盖。

（一）一村一个卫生计生服务室

以乡镇政府或村委会为建设主体，2017年底万安县实现了全县每个行政村都有一所公有产权村卫生计生服务室。寨下村的卫生计生服务室位于村委会旁边，于2017年初建成，该服务室目前有一位持证医生，村民们的一些小病小痛均可在该服务室就医。

（二）基本医疗有保障

寨下村贫困户通过基本医疗、大病医疗保险、大病商业补充保险、民政医疗救助、财政自主提高补偿等五道防线，有效地防范了因病受困返贫情况发生。贫困患者在县域内定点医院住院治疗，实行"先诊疗、后付费"免收住院押金，医疗费用报销补偿实行信息化"一站式"报销服务，将这"五道保障线"统一结算，贫困患者出院只需支付自费部分费用即可。对于通过城乡居民基本医疗、大病医疗保险、大病商业补充保险、民政医疗救助、财政自主提高补偿这"五道保障线"保障后承担个人自付费用仍有困难的，或非建档立卡贫困人员发生大额医疗费用因病致贫、因病返贫的，给予适当比例的爱心救助，对因中风、瘫痪、失能性疾病等长期卧病在床的建档立卡贫困患者，给予每人每年 2000 元的"爱心"照护补贴。另外，县级医院按照总床位的 5% 左右，设置了扶贫病床，乡镇卫生院也设置了不少于 2 张扶贫病床，开通贫困患者就医绿色通道，简化就诊程序，优化服务流程，提高医疗服务水平。

2015 年以来，寨下村为该村所有贫困户代缴了新型农村合作医疗的参保费用，代缴金额为 2015 年每人 90 元、2016 年每人 120 元、2017 年每人 150 元、2018 年每人 150 元，这笔资金由县级财政支付。通过调查发现，2016 年寨下村有 13 户贫困户因病治疗花费 40.61 万元，通过新农合报销了 31.88 万元，2017 年有 22 户贫困户因病治疗花费 18.26 万元，通过新农合报销了 17.42 万元。

健康扶贫政策在不断完善，医疗保障水平也在不断提高，通过调查，我们发现大部分贫困户的致贫原因均为疾病，作为一个普通家庭，确实承担不起任何病痛的打击，健康扶贫政策落实，让贫困家庭也能看得起病。通过访谈当地干部，不少干部认为，应该加大健康扶贫的帮扶力度，对于帮扶对象也应精准识别，对于就医真正困难的贫困户和一般贫困户应采取不同的帮扶政策，以免出现一般贫困户与非贫困户之间的家庭经济条件相差不大，但享受的政策相差非常大的情况。

六　生态保护扶贫政策的落实过程

实行生态保护扶贫政策的目的在于树立生态林业和民

生林业统筹发展的理念，将扶贫工作与深化林业改革、加快生态建设结合起来，进一步明确生态保护扶贫的目标任务，深入挖掘行业扶贫潜力，不断改善贫困地区生态环境，提高贫困地区群众收入，实现社会经济全面、协调、可持续发展。万安县以持续改善贫困地区生态环境、增强全县生态屏障功能为核心，以全县贫困户脱贫为目标，以生态保护优先、自然修复为手段，以落实生态补偿扶贫、发展林业产业扶贫、促进林业就业扶贫等重点工作为抓手，大力实施生态保护扶贫工程项目，使林业增收富民贡献率进一步提高，贫困山区群众的生活条件进一步改善，基本形成功能强大的森林生态体系和优势突出的林业产业体系，推动精准扶贫工作的开展。

（一）落实相关补助

万安县与生态保护扶贫政策有关的补助有：人工造林补助、低产低效林改造补助、森林抚育补助、生态公益林补助。人工造林补助是指将当年造林连片面积不少于 1 亩、未列入国家营造林工程项目的一般造林纳入造林补贴范围，以提高各农户的积极性，扩大全县森林总量。在调研中，我们了解到一位造林人，他是一位退休多年的乡镇干部，居住在寨下村的洞仔霞自然村，自退休后，他每年坚持造林，只身一人已造林 2 亩，从村干部口中我们得知，这位村民多年来一直申请贫困户，由于不符合评选条件，一直未当选。低产低效林改造补助是指对境内郁闭度 0.3 以下或亩均蓄积量 3 立方米以下的林进行改造，以及对水土流失严重、城镇周边等重点区域郁闭度小于 0.5、林木生长不良、分布不均的乔木林进行改造，对于这种改造优先安排贫困户。森林抚育补助是指以全县范围内集体和个人所有的人工中幼林为实施主体，开展中幼林抚育，优先安排贫困户列入抚育实施范围，增加贫困人口劳务、经营收入。生态公益林补助是指县财政直接对全县 67 万亩生态公益林进行补助，为有公益林的贫困户增加了收入。

（二）发展林业产业

林业产业有油茶种植产业、毛竹产业、花卉苗木产业，寨下村主要的林业产业有黄金茶种植产业，一定程度上保护了当地生态环境，也避免了水土流失；还有毛竹产业，前几年，吉安市推崇"一户一亩油茶或毛竹，一村一品"，很多贫困户都种植了毛竹，对贫困家庭的收入有一定的帮助；另外，在寨下村的上关石自然村还有一大片菊花种植产业，只是目前还未有可观的收获。

（三）提供公益性岗位

为了加强生态保护，寨下村提供了生态护林员的公益性岗位，生态护林员是指利用中央财政资金购买劳务，按照相关规定选聘，承担集体天然林和退耕还林的生态林及其他森林管护任务的建档立卡贫困人员。寨下村按照建档立卡贫困户、初中以上文化水平、60 岁以下、身体健康、长期在家、不外出务工、工作责任心强的要求选聘出了 5 位生态护林员。主要工作是落实森林防火责任的宣

传、加强病虫害及乱砍滥伐管理等，劳动报酬为每人每年
10000 元。

七　村庄整治政策的落实过程

寨下村 2016 年度开展了 7 个村庄整治项目，含一个
村级计生卫生服务室、一个村级文化活动中心、一个美丽
乡村项目、一个水利项目等，2017 年开展了 1 个村庄整治
项目，即修建了 1.3 公里水泥路和坳背自然村中的一座桥。
此外，寨下村 2016 年共耗资 170 万元，对罗塘、黄陂、
南玄、上关石、洞紫霞、樟树下、河背 7 个重度贫困村小
组实施了村庄整治，主要实施项目有危旧土坯房拆除、土
地平整、排水沟、路面硬化、房屋粉刷维修、改水改厕改
环境等。

在调研过程中，我们深度观察和走访了洞紫霞自然
村，潞田镇寨下村洞紫霞自然村是寨下村的一个重度贫困
村小组，位于 105 国道西侧 3000 米，现有农户 36 户 146
人，建档立卡贫困户 9 户 37 人，是一个客家山区小组，
那里绿水青山、溪流蜿蜒、风景秀丽，自然资源得天独
厚，民风淳朴，村民虽不富有，但其乐融融，邻里之间相
互帮助，是一个远近有名的客家文化小组。寨下村洞紫霞
村庄整治点，将传统客家民居全部漆成土黄色，下面基脚
漆成天蓝色，屋顶盖红瓦或青瓦，与周围环境浑然一体，
沟渠、古桥、庭院只做了简单处理，都保持着其原有的韵
味。重度贫困村庄的整治是脱贫攻坚战役中的一块硬骨

愿意与子女一同居住，宁愿只身一人居住在老房子里，村干部们只能三番两次地上门做其思想工作，告知老人住危房的风险，并帮助老人收拾行李，让其搬去与子女一同居住。面对一些挖土机无法进入的老房子，村干部们只能采取人工拆除的方法对危房进行拆除。对于安居扶贫政策，危房改造的补助对象为居住在危房中的分散五保户、低保户和其他农村贫困农户，主要分为 C 级危房改造和 D 级危房改造。

（一）C 级危房改造

C 级危房是指地基基础尚保持稳定，多数承重构件或抗侧向作用构件出现裂缝，部分存在明显裂缝；不少部位构造的连接受到损伤，部分非承重构件被严重破坏；经鉴定加固后可继续使用的住房。从 2014 年至今，寨下村共有 10 户农户，其中有 1 户为建档立卡贫困户，享受了 C 级危房改造政策，即对住房进行了维修加固。

（二）D 级危房改造

D 级危房是指地基基础出现损害，多数承重构件严重破坏，结构构造及连接受到严重损坏，结构整体牢固性受到威胁，局部结构濒临坍塌的住房。从 2014 年至今，寨下村共有 47 户农户，其中有 10 户为建档立卡贫困户，享受了 D 级危房改造政策，即对住房进行了拆旧建新。

在乡镇的退伍红军老战士、红军失散人员（以下简称"两红"人员）及革命烈士的遗孀以本人名义进行建房审批并申请危旧土坯房危造的，每户补助 4 万元。"两红"人员及革命烈士的子女家庭危旧土坯房改造的，每户补助 2 万元。建档立卡贫困户和分散供养五保户，每户补助 1.8 万元以上，维修加固每户补助 3500 元。

而对于住房的安全也有相关的级别鉴定，寨下村的帮扶单位就是万安县住建局，村里所有的住房都由住建部门对其进行了专业鉴定，并提供了住房安全鉴定书。其中 A 级是指结构承载力能满足正常使用要求，危险点未腐朽，房屋结构安全。B 级是指结构承载力基本满足正常使用要求，个别结构构件处于危险状态，但不影响主体结构，基本满足正常使用要求。C 级是指部分承重结构承载力不能满足正常使用要求，局部出现险情，构成局部危房。D 级是指承重结构承载力已不能满足正常使用要求，房屋整体出现险情，构成整幢危房。

九　保障扶贫政策的落实过程

保障扶贫政策是按照"社会保障兜底一批"的要求，健全完善社会保障、社会救助制度，提高保障水平，编密兜底保障网，重点强化对无业可扶和无力脱贫的贫困人口的保障。

（一）低保、五保

五保户是国家为了保障老无所依、老无保障、幼无监护的这一类人而制定的社会保障措施，五保简单来讲主要保吃、保穿、保医、保住、保葬（孤儿为保教），五保户必须是无儿无女、没有配偶或没有监护人的这一类人，也就是俗称的家里只有一个人的这种对象。关于五保户，又分为集中供养和分散供养，分散供养是指该五保户的旁系亲属（兄弟、侄子等）有意愿将其认领到自己门下，同意照顾其日常生活起居和保障其基本生活医疗需求的，可以将五保户作为分散供养进行确定，且供养地就在旁系亲属的家中；集中供养是指该五保户无任何亲人愿意照顾其生活起居，经社会保障部门联系，将五保户统一送到养老院、敬老院进行集中照顾。五保户的补贴标准为集中供养的五保户每月 500 元，分散供养的五保户每月 450 元。寨下村共有 3 位五保户，其中有 2 位集中供养于潞田镇敬老院，1 位分散供养居住在其侄子家。

低保户是国家为了保障生活水平低于当地平均生活水平的家庭的基本生活而制定的保障措施。万安县将完全丧失劳动能力、无收入来源、处于重度贫困、靠自身条件无法改变生活状况的对象列入低保常补对象，并对其全户进行全额保障；将完全或部分丧失劳动能力、遭灾、重病、重残、遭突发事件致贫返贫的困难群众及实际生活水平低于低保标准的支出型贫困家庭纳入低保。寨下村针对低保评议，每年都召开了村民代表大会来评议低保，保证公正公开地让有需要的贫困群众享受到低保政策。在调查中，我们发现镇里因为低保评议而上访的村民有许多，家家都有本难念的经，对于有些老上访户，基层政府有时也会为了息访而破例让其享受低保政策。

（二）临时救助

临时救助主要用于帮助遭遇突发事件的贫困户渡过难关，对因遭遇突发事件、意外伤害、重大疾病或其他特殊原因导致基本生活陷入困境，其他社会救助制度暂时无法覆盖或救助之后基本生活暂时仍有严重困难的家庭或个人，实行临时救助、特别救助等政策，确保贫困户不出现因突发事件、意外伤害等事故陷入困境无法脱贫现象。寨下村从 2014 年至今，已有 16 位建档立卡贫困户享受了临时救助补贴，获得了 2000~4000 元不等的补贴，且申请的理由均为医疗救助。这一政策在基本医保报销的基础上进一步对贫困患者进行补贴，一定程度上减少了贫困患者的就医压力。

（三）残疾人补贴

残疾人补贴分为困难残疾人补贴和重度残疾人护理补贴。困难残疾人补贴是指持有残疾证且享受低保政策的残疾人，可申请每人每月 50 元的生活补贴。重度残疾人护理补贴是指残疾等级被评定为一级、二级且需要长期照护的残疾人，可额外申请每人每月 50 元的照护补贴。寨下村共有 6 位持有残疾证的建档立卡贫困户，其中只有 1 位属于重度残疾人，享受了两项残疾人补贴。

（四）高龄补贴

高龄补贴是针对 80~89 周岁老人每人每月发放 80

元现金补贴，向 90~99 周岁老人每人每月发放 150 元现金补贴，向 100 周岁及以上老人每人每月发放 300 元现金补贴。从 2014 年至今，寨下村有 36 位老人获得了高龄补贴，其中 80~89 周岁的有 35 人，90~99 周岁的有 1 人。

第六章

讨论：基于贫困户与非贫困户的比较

党的十八大以来，以习近平同志为核心的党中央大力推动精准扶贫战略和脱贫攻坚工程，确保到 2020 年在我国现行标准下农村建档立卡贫困人口实现脱贫，贫困县全部摘帽。现阶段处于绝对贫困水平的农户已经大大减少，但由于贫困线标准不高以及低收入农户数量较大，还存在相当一部分的相对贫困农户。处于绝对贫困的农户成为建档立卡贫困户无可非议，但很大一部分低收入农户家庭经济水平相差不大，并且在精准识别过程中基层干部对农户家庭进行收入等方面统计时，由于农村家庭中存在比重较高的自给自足经济和现金经济成分，因而很难进行精确统计。所以就难免会存在一部分略高于贫困线标准的低收入农户未被纳入低保户，这就导致了这么一个现象：扶贫政策实施之前，一部分非贫困户生活经济条件稍稍优于一些贫困户，但在实施精准扶贫政策后，贫困户享受到了医疗、教育、住房等扶贫政策的优抚，其生活水平与非贫困户齐平甚至反超一些非贫困户。

在精准扶贫政策下，各界纷纷将关注的焦点放在贫困户上，但贫困户与非贫困户原本都是生活在一个村庄的村民，贫困线的划分和识别乃至后面一系列的帮扶政策，将他们区分为两个群体。政府对扶贫工作的重视、农村扶贫资金的投入以及乡村振兴的背景，对于非贫困户也存在很大的影响：一方面扶贫资金强化了农村基础设施的建设和农村基层组织的改善，另一方面贫困户享受到的福利使其接近甚至超越了非贫农户的生活经济状况。精准扶贫政策虽然是针对贫困户的政策，但是作为一项福利性政策，涉及贫困户的识别和选择，所以非贫困户尤其是处于贫困线识别标准边缘的农户也是潜在的政策受益者。非贫困户是精准扶贫政策的旁观者或参与决策者，又或者可以说是在识别贫困户过程中被"淘汰"的政策潜在享受者，加之农村社会原本就是一个同质性较高的熟人社会，所以将贫困户与非贫困户进行比较分析进而探究他们之间的政策认知情况是十分必要的。

第一节　贫困户与非贫困户的生活状况比较

此节贫困户与非贫困户的生活状况比较涉及相关分析

与独立样本 T 检验等分析，对样本数据量有一定的要求，故将万安县的寨下村与团队成员另一个调研点——江西省横峰县司铺村的调查数据放在一起进行讨论。两个县均曾为江西省的贫困县，皆于 2018 年实现脱贫摘帽，在农户样本代表上具有一定的相似性，故而忽略样本的区域差异因素，下文不对两个调查地进行区分论述。

一　农户的政策认知情况

非贫困户和贫困户之间存在认知差异，同时非贫困户群体内存在认知差异，非贫困户对精准扶贫政策的认知较为负面，贫困户则普遍偏向正面。

（一）非贫困户的政策认知情况

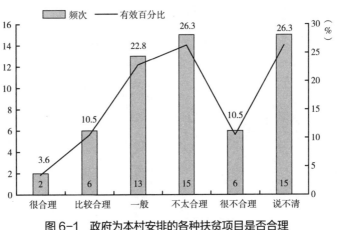

图6-1　政府为本村安排的各种扶贫项目是否合理

如图 6-1 所示，在 57 个（3 个缺失值）样本中，非贫困户认为扶贫项目"不太合理"的占比最大，为 26.3%；

认为扶贫项目合理性"一般"的其次,为22.8%;非贫困户认为扶贫项目"很合理"的占比最小,为3.6%。可以看出,非贫困户认为扶贫项目偏向不合理的人数比较多。

表6-1 寨下村贫困户的识别是否合理

单位:%

合理与否	频次	有效百分比
很合理	1	1.8
比较合理	11	19.6
一般	10	17.9
不太合理	20	35.7
很不合理	5	8.9
说不清	9	16.1
合计	56	100

如表6-1所示,在56个(4个缺失值)样本中,非贫困户认为贫困户识别"不太合理"的占比最大,为35.7%;认为贫困户的识别"很合理"的占比最小,为1.8%。可以看出,非贫困户认为贫困户选择偏向不合理的人数较多。

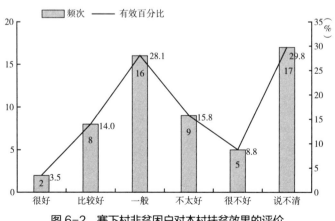

图6-2 寨下村非贫困户对本村扶贫效果的评价

如图 6-2 所示，在 57 个（3 个缺失值）样本中，非贫困户在为本村扶贫效果打分中选择"说不清"的占比最大，为 29.8%；认为本村扶贫效果"一般"的其次，为 28.1%。通过比较"一般"两侧的选项可以看出，非贫困户在为本村扶贫效果打分时整体还是偏向较不好的一侧，不过相差也并不大。至于很大一部分非贫困户选择了"说不清"，可能是他们不知道扶贫效果该如何衡量，或者认为这是涉及政策实施的问题，不便给予较为明确的回答。

从"各种扶贫项目是否合理、贫困户选择是否合理、扶贫效果打分"三个维度对样本中非贫困户群体进行的认知差异分析中，我们可以发现更多的非贫困户对精准扶贫政策的认知偏向负面，但我们也注意到仍然有不少的非贫困户选择正向的选项，那么我们可以得出两个结论：一是非贫困户对精准扶贫政策的认知偏向负面，二是在非贫困户群体内也存在一定的认知差异。

（二）贫困户的政策认知情况

表 6-2　政府为寨下村安排的各种扶贫项目是否合理

单位：%

合理与否	频次	有效百分比
很合理	12	21.1
比较合理	35	61.4
一般	9	15.8
不太合理	0	0
很不合理	0	0
说不清	1	1.8
合计	57	100.1

如表 6-2 所示，在 57 个（3 个缺失值）样本中，贫困户认为扶贫项目"比较合理"的占大多数，为 61.4%；认为扶贫项目"很合理"的其次，占 21.1%；没有贫困户认为扶贫项目"不太合理"或者"很不合理"。可以看出，几乎所有的贫困户都认为扶贫项目是合理的。

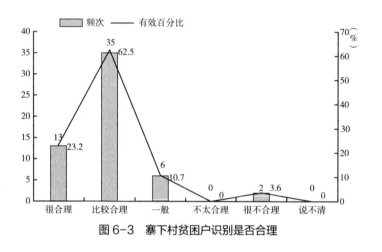

图 6-3　寨下村贫困户识别是否合理

如图 6-3 所示，在 56 个（4 个缺失值）样本中，贫困户认为贫困户选择"比较合理"的占比最大，为 62.5%；认为扶贫项目"很合理"的其次，占 23.2%。可以看出，大多数贫困户认为贫困户选择是合理的。

表 6-3　到目前为止寨下村扶贫效果如何

单位：%

选项	频次	有效百分比
非常好	18	31.6
比较好	29	50.8

选项	频次	有效百分比
一般	6	10.5
不太好	1	1.8
很不好	1	1.8
说不清	2	3.5
合计	57	100.1

如表6-3所示，在57个（3个缺失值）样本中，贫困户认为本村到目前为止扶贫效果"比较好"的占比超一半，为50.8%；认为本村到目前为止扶贫效果"非常好"的其次，为31.6%。可以看出，大多数贫困户都认为本村到目前为止扶贫效果好。

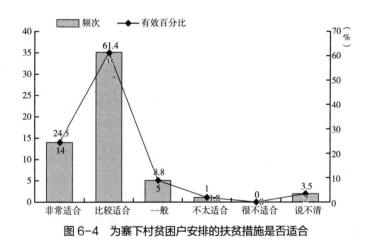

图6-4　为寨下村贫困户安排的扶贫措施是否适合

如图6-4所示，在57个（3个缺失值）样本中，贫困户认为为本户安排的扶贫措施"比较适合"的占比最大，为61.4%；认为为本户安排的扶贫措施"非常适合"的其次，为 24.6%。可以看出，大多数贫困户都认为为本户安排的扶贫措施是适合的。

表6-4　到目前为止寨下村贫困户的扶贫效果如何

单位：%

选项	频次	有效百分比
非常好	18	32.1
比较好	33	58.9
一般	3	5.4
不太好	2	3.6
很不好	0	0
说不清	0	0
总计	56	100

如表6-4所示，在56个（4个缺失值）样本中，贫困户认为本村到目前为止的扶贫效果"比较好"的占比最大，为58.9%；认为本村到目前为止的扶贫效果"非常好"的其次，为32.1%。可以看出，大多数贫困户都认为本村到目前为止的扶贫效果是好的。

从认知分析（三个为对本村的扶贫政策实施情况认知、两个为对本户享受到的扶贫政策实施情况认知）来看，我们发现样本中贫困户群体几乎是呈压倒式的倾向选择了正向的选项，只有极少数人选择负向的选项。也就是说，贫困户对精准扶贫政策的实施十分认可，且几乎不存在群体内的认知差异。

（三）认知差异检验

表 6-5　寨下村贫困户与非贫户认知差异的独立样本 T 检测

变量	M		SD		T
	贫困户	非贫户	贫困户	非贫户	
a 扶贫项目是否合理？	1.91	2.51	0.662	1.764	2.390**
b 贫困户识别是否合理？	1.98	3.79	0.820	1.358	8.508***
c 本村扶贫效果如何？	2.02	4.02	1.110	1.575	7.835***

注：**p<0.01；***p<0.001。

对扶贫项目合理性的态度情况，分为五个维度（很合理、比较合理、一般、比较不合理、很不合理），分别赋值 5~1 分。由表 6-5 可知，在 0.01 的显著水平下，非贫户要比贫困户认为扶贫项目的合理性低一些，也就是说贫困户普遍认为扶贫项目是合理的，而相较于贫困户来说，非贫困户则认为扶贫项目没那么合理。

对贫困户选择是否合理的态度情况，分为五个维度（很合理、比较合理、一般、比较不合理、很不合理），分别赋值 5~1 分。由表 6-5 可知，在 0.001 的显著水平下，非贫户要比贫困户认为贫困户选择的合理性低一些，也就是说贫困户普遍认为贫困户选择是合理的，而相较于贫困户来说，非贫困户则认为贫困户选择没那么合理。

对本村扶贫效果打分情况分为五个维度，分别赋值 5~1 分。由表 6-5 可知，在 0.001 的显著水平下，贫困户对本村扶贫效果所评价的分数要高于非贫困户，也就是说相较于贫困户而言，非贫户认为本村扶贫效果没那么好。

二 农户的生活现状

（一）信息网络及道路情况

样本中关于"是否有互联网宽带"有六成（占比60%）的农户表示家中有互联网宽带，在实际入户调查中我们发现，有很多农户家中大多是老人小孩在家，青壮年大多在乡镇外务工或定居，故没有互联网宽带的需求，但村中的硬件设施是可以连接宽带的。在该方面贫困户与非贫困户的情况类似，贫困户样本中家中有互联网宽带的占比63.3%，非贫户占比56.7%，样本中并未体现出明显差异（见表6-6）。

表6-6 寨下村农户信息网络及入户道路情况

问题	选项	贫困户	非贫户	合计
是否有互联网宽带	是	38	34	72
	否	22	26	48
	合计	60	60	120
入户路类型	泥土路	2	2	4
	砂石路	0	3	3
	水泥或柏油路	58	55	113
	合计	60	60	120
离最近的硬化公路的距离（米）	0	46	42	88
	1~100	11	16	27
	100以上	2	2	4
	合计	59	60	119

注："离最近的硬化公路的距离"中贫困户有效样本：59，缺失值：1。

样本中关于"入户路类型"有九成以上（占比 94.2%）的农户表示入户路类型为水泥或柏油路，只有小部分的农户表示入户路类型为泥土路（占比 3.3%）或砂石路（占比 2.5%），在该方面贫困户与非贫困户的情况类似，贫困户样本中入户路类型为水泥或柏油路的占比为 96.7%，非贫困户的占比为 91.7%，样本中并未体现出明显差异。

关于"离最近的硬化公路的距离"，样本中有七成以上（占比 73.9%）的农户表示硬化公路直通往家门口，仅有小部分的农户表示离最近的硬化公路的距离超过 100 米，在该方面贫困户与非贫困户的情况类似，贫困户样本中硬化公路直通往家门口的占比为 78.0%，非贫困户占比为 70.0%，样本中并未体现出明显差异。

（二）用水炊事情况

关于"最主要饮用水源"，样本中主要饮用"自来水"与"井水和泉水"的农户数量接近，分别占比为 49.2% 和 47.9%，主要饮用"桶装水"和"其他"的农户较少，分别占比为 2.5% 和 0.8%。在该方面主要饮用"自来水"的贫困户比非贫困户略多一些，贫困户占比 55%，非贫户占比 43.3%（见表 6-7）。

关于"是否存在饮水困难"，样本中大部分的农户（占比 96.7%）表示并无上述困难（单次取水往返时间超半小时或当年连续缺水时间超过 15 天），贫困户和非贫困户分别占比 98.3% 和 95%。

关于"最主要炊事用能源"，样本中主要使用"柴草"

的农户占比最大，为64.7%，其次为"罐装液化气"，其占比为28.6%。在该方面贫困户与非贫困户的情况类似，样本中并未体现出明显差异。

表6-7 寨下村农户用水炊事情况

单位：户

	选项	贫困户	非贫户	合计
最主要 饮用水源	自来水	33	26	59
	井水和泉水	26	31	57
	桶装水	1	2	3
	其他	0	1	1
	合计	60	60	120
是否存在 饮水困难	单次取水往返时间超半小时	0	3	3
	当年连续缺水时间超过15天	1	0	1
	无上述困难	59	57	116
	合计	60	60	120
最主要 炊事用能源	柴草	41	36	77
	煤炭	0	2	2
	罐装液化气	17	17	34
	电	1	3	4
	其他	0	1	1
	无炊事行为	0	1	1
	合计	59	60	119

注："最主要炊事用能源"中贫困户有效样本：59，缺失值：1。

（三）厕所类型及垃圾排污情况

关于"厕所类型"，样本中农户家中厕所是"卫生厕所"的占比最大，为85%，其次为"传统旱厕"，其占比为 12.5%, 仅有 2.5% 的农户家中没有厕所, 需要到村里的公共厕所如厕。在该方面贫困户与非贫困户的情况类似, 样本中并未体现出明显差异（见表 6-8）。

表 6-8　寨下村农户厕所类型及垃圾排污情况

	选项	贫困户	非贫户	合计
厕所类型	传统旱厕	4	11	15
	卫生厕所	54	48	102
	没有厕所	2	1	3
	合计	60	60	120
生活垃圾处理	送到垃圾池	1	5	6
	定点堆放	54	46	100
	随意丢弃	5	7	12
	其他	0	1	1
	合计	60	59	119
生活污水排放	管道排放	12	13	25
	排到家里渗井	1	2	3
	院外沟渠	36	29	65
	随意排放	10	14	24
	其他	1	1	2
	合计	60	59	119

注:"生活垃圾处理"和"生活污水排放"中非贫困户有效样本:59, 缺失值:1。

关于"生活垃圾处理", 样本中大部分的农户（占比 84.0%）表示会将垃圾"定点堆放", 在样本村进行入户调查时我们也发现大部分的农户门前或不远处都有统一的垃圾桶, 农户反映每天都有特定的清洁人员来进行垃圾清扫, 但也存在一部分的农户（占比 10.1%）将垃圾随意丢弃，主要是因为他们的住房在离村内主干道路较远的地方，村内的收垃圾工作人员不方便到其住所进行垃圾清扫，这部分农户一般是采取垃圾焚烧等方式处理堆积较多的垃圾。样本中将垃圾"定点堆放"的贫困户（90.0%）要比非贫困户（78.0%）多些，可能是因为贫困户的住房得到了保障和改善，相比较非贫困户而言，更多的贫困户住所的门前或不远处有统一的垃圾桶，当然也可能是因为常常有驻村扶贫工作队和帮扶责任人到贫困户家中进行家访，或是政府人员的督促或是贫困户自身的自觉，促进了贫困户家中卫生环境的改善。

关于"生活污水排放"，样本中超过一半的农户（占比 54.6%）将生活污水排到"院外沟渠"，二成左右的农户（占比 20.2%）将生活污水"随意排放"，比将生活垃圾"随意丢弃"（占比 10.1%）的占比高。

（四）家庭耐用消费品拥有情况

从家用电器的拥有量上看，每百户贫困户对"彩色电视机""空调""洗衣机""冰箱或冰柜""电脑"的拥有数量分别为：96.67 台、20.00 台、36.67 台、76.67 台和 11.67 台，非贫困户对以上家用电器的拥有量分别为113.33 台 / 百户、46.67 台 / 百户、46.67 台 / 百户、83.33台 / 百户和 18.33 台 / 百户（见表 6-9）。贫困户和非贫困户家庭基本普及了彩色电视机，贫困户家庭拥有的"空调"、"洗衣机"、"冰箱或冰柜"和"电脑"等家用电器均少于非贫困家庭，这表明家用电器虽然已迅速普及，但其在农村地区特别是在贫困户中的消费一直是低迷状态。当然也可能存在一个跟互联网宽带普及不广类似的原因，即目前住在农村的人口大多是知识水平不高的老人、妇女、小孩，所以对于一些家用电器的需求不高。

表6-9 寨下村家庭耐用消费品拥有情况比较

单位：台/百户

类型	彩色电视机	空调	洗衣机	冰箱或冰柜	电脑
贫困户	96.67	20.00	36.67	76.67	11.67
非贫户	113.33	46.67	46.67	83.33	18.33

注：贫困户有效样本：60，缺失值：0；非贫困户有效样本：60，缺失值：0。

将这些家用电器、交通工具、通信设备以及农用机械全部算作家庭耐用消费品进行加总后进行比较，再次显示贫困户家庭拥有的家庭耐用消费品数量落后于非贫困家庭（见表6-10）。

表6-10 寨下村家庭耐用消费品拥有情况比较

单位：件，%

家庭耐用消费品数量分组	贫困户		非贫户	
	频数	占比	频数	占比
0	1	1.7	0	—
1~4	25	41.7	17	28.3
5~8	23	38.3	26	43.3
9~12	9	15.0	12	20.0
≥ 13	2	3.3	5	8.4
合计	60	100	60	100

注：贫困户有效样本：60，缺失值：0；非贫困户有效样本：60，缺失值：0。

（五）住房状况

图 6-5　寨下村非贫困户拥有住房状况

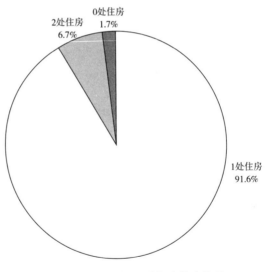

图 6-6　寨下村贫困户拥有住房状况

如图 6-5 所示，在 60 个（0 个缺失值）样本中，大部分（91.7%）的非贫困户拥有 1 处住房，有 8.3% 的非贫困户拥有 2 处住房。

如图 6-6 所示，在 60 个（0 个缺失值）样本中，大部分（91.6%）的贫困户拥有 1 处住房，只有 1.7% 的贫困户没有自有住房（对该份问卷进行定位，发现该份问卷是一位与其儿子分户的老奶奶，但是仍与其儿子住在一起，住的房子并非老奶奶所有，但其儿子有赡养义务，会一直为其提供住所，故可认为该份样本拥有固定住所），另外，6.7% 的贫困户拥有 2 处住房。

如图 6-7 所示，在 60 个（0 个缺失值）样本中，大部分（95.0%）的非贫困户住房类型为楼房，余下 5.0% 为平房。

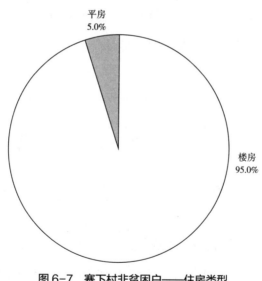

图 6-7　寨下村非贫困户——住房类型

如图 6-8 所示，在 60 个（0 个缺失值）样本中，大部分（88.3%）的贫困户住房类型为楼房，余下的 11.7% 为平房。

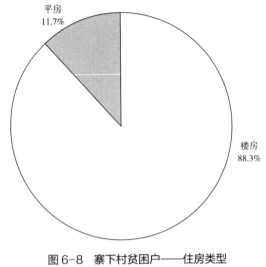

平房
11.7%

楼房
88.3%

图 6-8　寨下村贫困户——住房类型

"人均住房面积"由建筑面积/人口数计算出，由于很多农户所有住房为楼房，此处建筑面积计算的是住房的总面积，也就是单层住房面积 × 楼层数。

表 6-11　寨下村非贫困户与贫困户人均住房面积对比

单位：平方米

	极小值	极大值	平均值
非贫困户	13	200	50.14
贫困户	4	170	45.47

如表 6-11 所示，在 57 个（3 个缺失值）样本中，非贫困户人均住房面积为 50.14 平方米，贫困户人均住房面积为 45.47 平方米，人均住房面积的极大值和极小值也是非贫困户的要比贫困户的数值大些，但总体差距并不大。对于贫困户的这个人均面积 170 平方米的问卷进行定位，该户是一名 40 多岁的单身男性，所拥有的住房为楼房，建

筑面积为 170 平方米，该户致贫原因为"生病"，于 2013 年成为建档立卡贫困户，2014 年脱贫。样本中，5 户贫困户享受了易地搬迁政策，10 户贫困户享受了危房改造政策。

如图 6-9 所示，在 58 个（2 个缺失值）非贫困户样本中，非贫困户对当前住房状况的满意度占比最大的是"比较满意"，占比为 43.1%。

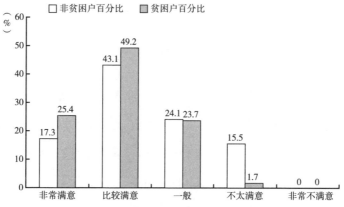

图 6-9 寨下村非贫困户与贫困户对当前住房状况的满意程度

在 59 个（1 个缺失值）贫困户样本中，大部分的贫困户都对当前住房状况感到"比较满意"，为 49.2%；认为"不太满意"的占比最小，为 1.7%。

通过样本中贫困户与非贫困户的对比图，可以发现，在对当前住房状况的满意程度上两个群体相差不大，贫困户的满意程度略高于非贫困户。此种情况有可能是因为精准扶贫政策的"两不愁三保障"，其中就有住房保障，当地扶贫工作队或帮扶责任人会经常到贫困户家中走访，会对贫困户的住房进行安全认定，没有达到标准的住房可以享受危房改造等扶贫政策。在我们实地调查走访中也发现，贫困户的住房普遍都不错，对比下来反而一些非贫困户的住房略显破旧，但也没有破旧到属于危房的程度。当然我们不能仅仅因为住房状况的差异就认为当地政府精准识别不到位。因为这样的差异是因为这些贫困户享受了住房政策，才能住上新房或者将房子改造得焕然一新，至于享受政策成果导致一些非贫困户的住房水平反而不如贫困户的，这就等到下文一起进行论述。

（六）政治参与情况

从"你是否为党员"和"家里有几位党员"两个问题的数据来看，非贫困户与贫困户之间在政治参与方面并没有太大的区别，非贫困户的户主或家中成员是党员的比例要比贫困户的相应占比大一些（见图6-10、图6-11）。在考究非贫困户或者贫困户群体内的认知差异时，政治参与情况可以作为一个假设的影响因素。

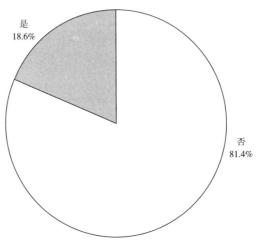

图6-10　寨下村非贫困户党员与否

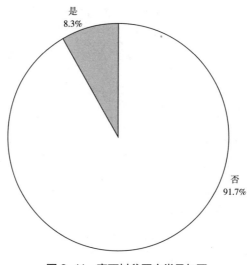

是
8.3%

否
91.7%

图 6-11　寨下村贫困户党员与否

（七）生活评价情况

问卷从"对当前生活状况的满意度""对昨天的幸福感程度""与 5 年前比，你家的生活变得怎么样""你觉得 5 年后，你家的生活会变得怎么样""与多数亲朋好友比，你家过得怎么样""与本村多数人比，你家过得怎么样""对你家周围的居住环境满意吗"七个方面进行操作化并从五个维度衡量农户对生活状况的感知和态度状况。

如表 6-12 所示，贫困户"对当前生活状况的满意度"明显要优于非贫困户，选择"非常满意"和"比较满意"的贫困户占比要远远大于非贫困户的占比（分别为 66.1% 和 36.2%）。

表 6-12 对当前生活状况的满意度

类型		非常满意	比较满意	一般	不太满意	很不满意	合计
贫困户	频次	9	30	16	4	0	59
	占比（%）	15.3	50.8	27.1	6.8	0.0	100
非贫困户	频次	3	18	28	8	1	58
	占比（%）	5.18	31.0	48.2	13.7	2.0	100

如表 6-13 所示，贫困户"对昨天的幸福感程度"明显要高于非贫困户，选择"非常幸福"和"比较幸福"的贫困户占比要远远大于非贫困户的占比（分别为 61.1% 和 32.8%）。

表 6-13 对昨天的幸福感程度

类型		非常幸福	比较幸福	一般	不太幸福	合计
贫困户	频次	8	28	20	3	59
	占比（%）	13.6	47.5	33.9	5.0	100
非贫困户	频次	2	17	33	6	58
	占比（%）	3.5	29.3	56.9	10.34	100

如表 6-14 所示，大部分贫困户（83.0%）对"与 5 年前比，你家的生活变得怎么样"都选择了"好得多"和"好一些"，非贫困户情况与贫困户类似，也是大部分（84.2%）认为自己家的生活跟 5 年前比要好，但认为"好得多"的占比比贫困户略低一些，更多的贫困户（38.9%）选择了"好得多"，而更多的非贫困户（66.7%）选择了"好一些"。

表6-14　与5年前比，你家的生活变得怎么样

类型		好得多	好一些	差不多	差一些	合计
贫困户	频次	23	26	8	2	59
	占比（%）	38.9	44.1	13.6	3.4	100
非贫困户	频次	10	38	7	2	57
	占比（%）	17.5	66.7	12.3	3.5	100

如表6-15所示，相较于非贫困户而言，更多的贫困户对"你觉得5年后，你家的生活会变得怎么样"持积极态度。值得注意的是，并没有农户认为5年后自己家的生活会变差，13.8%的农户对于5年后自己家的生活变化持有不确定的态度，说明大部分农户对自己家生活的未来变化还是持有较为积极的态度，在问卷一对一访谈到这个问题时，我们也常常碰到农户发表"日子肯定要越过越好嘛"这样的感想。

表6-15　你觉得5年后，你家的生活会变得怎么样

类型		好得多	好一些	差不多	不好说	合计
贫困户	频次	9	35	7	8	59
	占比（%）	15.2	59.3	11.9	13.8	100
非贫困户	频次	7	29	11	11	58
	占比（%）	12.2	50	18.9	18.9	100

如表6-16所示，对于"与多数亲朋好友比，你家过得怎么样"，超过五成的农户（52.1%）选择了"差不多"，更多的贫困户认为自己家的生活与多数亲朋好友比要差一些或差得多。

表 6-16　与多数亲朋好友比，你家过得怎么样

类型		好得多	好一些	差不多	差一些	差得多	合计
贫困户	频次	0	3	29	22	5	59
	占比（%）	0.0	5.0	49.2	37.3	8.5	100
非贫困户	频次	1	8	32	14	3	58
	占比（%）	1.7	13.8	55.2	24.1	5.2	100

如表 6-17 所示，对于"与本村多数人比，你家过得怎么样"，近五成的农户（47.0%）选择了"差不多"，更多的贫困户认为自己家的生活与本村多数人比要差一些或差得多。

结合"与多数亲朋好友比，你家过得怎么样"和"与本村多数人比，你家过得怎么样"，贫困户对于自己家的生活条件自我认知要低于非贫困户，但大多数的农户都选择了差不多、差一些或差得多。

表 6-17　与本村多数人比，你家过得怎么样

类型		好得多	好一些	差不多	差一些	差得多	合计
贫困户	频次	0	4	26	25	4	59
	占比（%）	0.0	6.8	44.0	42.4	6.8	100
非贫困户	频次	2	8	29	16	3	58
	占比（%）	3.4	6.9	50.0	27.6	5.2	100

如表 6-18 所示，样本中的农户对住所周围的居住环境普遍较为满意，选择"不太满意"的农户仅占样本有效值的 2.7%，贫困户与非贫困户差异不大。

表6-18 对你家周围的居住环境满意吗

类型		非常满意	比较满意	一般	不太满意	合计
贫困户	频次	13	25	17	0	55
	占比（%）	23.6	45.5	30.9	0.0	100
非贫困户	频次	9	33	11	3	56
	占比（%）	16.1	58.9	19.6	5.4	100

通过对七个方面考察农户对生活状况的感知和态度状况，根据样本情况得知，"对当前生活状况满意度""对昨天的幸福感程度"这两个方面，贫困户持有的积极性态度要优于非贫困户；"与5年前比，你家的生活变得怎么样""你觉得5年后，你家的生活会变得怎么样"将生活水平进行纵向比较和预测，贫困户与非贫困户整体趋势类似，普遍认为自己家的生活比以前好，而且以后也会越来越好，而贫困户所持有的积极态度略强于非贫户一些；"与多数亲朋好友比，你家过得怎么样""与本村多数人比，你家过得怎么样"将生活水平进行横向比较考察农户对于自身家庭水平的认知与定位，大多数的农户都选择了差不多、差一些或差得多，而贫困户对于自己家的生活条件自我认知要低于非贫困户；"对你家周围的居住环境满意吗"大部分的农户都持较为正向的态度。

总体而言，贫困户普遍认为自己家的生活水平得到了改善，同时也对未来充满了希望与憧憬，但相较于本村以及亲朋好友，贫困户对于自身家庭水平的定位普遍较低；非贫困户相较于贫困户而言，较少地认为自家的生活水平有所改善，但也对未来持有积极态度，相较于本村以及亲朋好友，非贫困户对于自身家庭水平的定位比贫困户高些。

第二节　存在的问题与反思

通过样本的描述情况以及认知差异的独立样本 T 检验，我们得知非贫困户和贫困户的生活现状（住房状况、政治参与情况、收入状况）以及已证实存在的政策认知差异，其中非贫困户和贫困户群体之间以及群体内都存在一些异同点，调查数据所揭示出来的现象值得我们进行深入探究。

一　政策享受差异与相对剥夺

通过对样本中贫困户与非贫困户"对当前住房状况的满意程度"的对比分析发现，贫困户与非贫困户对当前住房状况的满意程度相差不大，贫困户的满意程度略高于非贫困户。对住房的满意程度很大程度上是因为住房状况，样本中非贫困户人均住房面积为 50.14 平方米，贫困户人均住房面积为 45.47 平方米；大部分（91.7%）的非贫困户拥有 1 处住房，大部分（91.6%）的贫困户拥有 1 处住房，从住房面积和住房类型两个维度综合考量农户的住房状况，贫困户与非贫困户的住房状况差异不大，非贫困户群体的住房比贫困户的住房略大一些。因此可以看出住房状况大致是与住房满意度相匹配的。在实地入户时，我们也发现村中住房特别好（面积大、楼层高、装修好）的农户都是非贫困户，但的确存在一部分非贫困户家中的房子状况并不佳，而贫困户的房子大多较新，这样一比较下来，就存在一部分的非贫困户的家庭住房状况要比贫困户差的情况了。

通过实地访谈和向当地村干部进行了解，此种情况是因为精准扶贫政策的"两不愁三保障"中的住房保障，当地扶贫工作队或帮扶责任人会经常到贫困户家中走访，会对贫困户的住房进行安全认定，没有达到标准的住房可以享受危房改造等扶贫政策。至于在扶贫前贫困户的住房状况，我们在贫困户的建档立卡材料中也看到了一些图片，的确是比较差的，与目前的住房状况有着较大的质的差距。也就是说是扶贫政策的实施使得贫困户的住房状况得到改善，达到了同村非贫困户的住房水平甚至超过了部分非贫困户，但是因为危房改造和易地搬迁的政策实施时间较近，其住房状况势必要优于部分非贫困户多年前修建的房屋，所以我们不能仅仅因为住房状况的差异就认为当地政府精准识别不到位，当然识别的标准是否足够合适、是否贴切还有待考究。

那么这里就存在一个问题，贫困户享受了扶贫政策后，一些非贫困户反而比贫困户的住房状况更差，当然这也不仅仅体现在住房状况上，在医疗、教育等享受到扶贫政策的方面都有所体现。医疗保障方面，建档立卡贫困户（脱贫之后仍在享受）均享受国家补贴医疗保险费代缴，人人享有基本医保、大病商业补充保险，并且报销比例要更高，贫困户住院最高可报销90%以上。在致贫原因上，有很大一部分贫困户是因为家中有慢性病或大病病人，扶贫政策解决了他们医疗方面的问题，也就相当于化解了造成他们贫困的问题根源。

扶贫工作的确做出了非常大的成绩，让贫困户的生活状况有了很大的改善，那么对于因为贫困户名额有限而刚刚被拦在识别标准线上面一点点的非贫困农户，以及扶贫攻坚以来，因为要全面脱贫而未被新纳入但是因为动态变化实则应该被纳入贫困户的非贫困户，这些与贫困户生活状况相差无几的非贫困户，与贫困户相比他们相当于失去了很多享受扶贫政策的机会，在扶贫工作显成效后，他们的生活水平反而要落后贫困户许多。他们被"相对剥夺了"，一方面他们的确需要帮扶，另一方面他们对政策、对政府，是否会产生不公感、相对剥夺感，这是否会产生消极影响？是否会不利于和谐社会建设工作的开展？

二　收入分化与动态管理

通过上文我们已经看到，贫困户与非贫困户的家庭人均年收入的离散程度都较大，且非贫困户家庭人均年收入的极小值要小于贫困户家庭人均年收入的极小值，非贫困户家庭人均年收入的极大值要大于贫困户家庭人均年收入的极大值。

极大值存在于非贫困户中我们或许并没有什么疑问，因为非贫困户和贫困户的区分很大的一点就是经济收入的区别，非贫困户要比贫困户收入高，这似乎是我们所认为的常理和预先判断。但是为什么非贫困户会比贫困户收入低呢？或者是样本数量过小，又或者是问卷数据的不真实性（因为贫困户的收入我们可以通过贫困户建档立卡材料里的台账来核查，但是对非贫困户的收入我们无法进行核实），不考虑样本数据的原因，单单从扶贫工作来看，贫困户与非贫困户的收入分化，是识别不精准吗？还是扶贫工作的成效存在问题呢？

如果将家庭人均年收入看作一条横轴，那么目前这个数据显示出来的现象就是贫困户与非贫困户不再是中间隔着贫困线，而是部分非贫困户在横轴的右端，部分非贫困户与贫困户重叠交叉（即贫困户在扶贫工作的开展和帮扶下已经达到非贫困户的收入水平），而还有部分贫困户在横轴的左侧（即贫困户在扶贫工作的开展和帮扶下已经超过非贫困户的收入水平）。我们不得不承认扶贫工作是真实有效的，扶贫工作的成效是显而易见的。但是扶"贫"工作这里的"贫"仅仅是指最初经识别而建档立卡的贫困户吗？回到我们前文对贫困户的界定：一是严格以农民人均纯收入为标准，二是统筹考虑"两不愁三保障"因素，也就是说没有达到标准的农户都应该将其纳入扶贫工作的帮扶对象中，也就是说在扶贫工作中需要进行动态管理。而现实却是，农村建档立卡贫困户名额有限，脱贫任务艰巨且迫在眉睫，顶着脱贫摘帽的硬性要求，基层干部和扶贫工作队的工作重心都是如何帮扶现有的建档立卡贫困户进行脱贫，哪里有精力分散到早已被认定为非贫困户的农户身上呢？我们也碰到不少建档立卡贫困户在成为贫困户的当年就退出了贫困户、实现了脱贫。在笔者进行入户调查时就碰到一户这样的农户，其配偶对这样的结果表现出一些不满，不过户主对我们的访问还是回答满意。不过脱贫户在脱贫之后还能够享受到扶贫政策，所以对于贫困户（由于样本中所有贫困户均已脱贫，所以对于这些农户还是统一以"贫困户"指代）来说，脱贫并没有给他们带来太大的改变。

在我们的实地调查中，的确碰到了一些家庭存在困难的非贫困户，或因为自然变故，或因为家中有人患上重病，丧失劳动力而导致家庭收入降低。在笔者入户时，有一户非贫农户家中的房子最近出现了破损，该农户称家中没有足够的资金来维修房屋，问其村里干部是否来过家里了解情况时，农户表现出无奈和激动，连忙摆手说从来没有来过。这与在贫困户家中问到这个问题时得到的回答截然相反，贫困户常常是表现出满意的神情，连忙说有啊有啊，经常来的。不过的确，这些非贫困户虽然家里存在一些困难，但是与建档立卡的标准一对比，他们还是不足以成为贫困户，我们也无法有足够的理由说明基层干部对贫困户的识别不精准。

第三节　影响因素分析

一　影响非贫困户群体内认知差异的因素

样本中非贫困户对于"扶贫项目安排的合理性、贫困户选择的合理性、本村扶贫效果"三个方面的认知情况存在一定程度的分化，而相比较而言贫困户之间的差异就很小。那么是什么因素影响了非贫困户之间的认知差异呢？我们假设，政治参与情况（是否为党员、家中有几名党员），家庭经济情况（家庭人均年收入、家庭人均年支出、人均住房面积、拥有耐用消费品数量），农户的生活状况感知情况（对现在生活状况满意程度、幸福感程度）这几个因素会对农户的认知情况造成差异，通过相关性分析进行假设检验。

表 6-19　当前生活状况满意度与贫困户识别合理与否的相关分析

	对当前生活状况满意度	贫困户选择是否合理
对当前生活状况满意度	1	
贫困户识别是否合理	0.282*	1

注：p* 表示在 0.05 水平（双侧）上显著相关。

由表 6-19 可知，在 0.05 的显著性水平下，总体中对当前生活状况满意度与贫困户选择是否合理存在显著的正相关，也就是说对当前生活状况满意度越高，认为贫困户选择的合理性就越高一些。

表 6-20　当前生活状况满意度与寨下村扶贫效果的相关分析

	对当前生活状况满意度	本村扶贫效果打分
对当前生活状况满意度	1	
本村扶贫效果打分	0.307*	1

注：p* 表示在 0.05 水平（双侧）上显著相关。

由表 6-20 可知，在 0.05 的显著性水平下，总体中对当前生活状况满意度与本村扶贫效果打分存在显著的正相关，也就是说对当前生活状况满意度越高，对本村扶贫效果打分就越高一些。

表 6-21　幸福感与寨下村扶贫效果的相关分析

	昨天的幸福感程度	本村扶贫效果打分
幸福感	1	
本村扶贫效果打分	0.286*	1

注：p* 表示在 0.05 水平（双侧）上显著相关。

由表 6-21 可知，在 0.05 的显著性水平下，总体中昨天的幸福感程度与本村扶贫效果打分存在显著的正相关，也就是说昨天的幸福感程度越高，对本村扶贫效果打分就越高一些。

在对非贫困户的相关分析中发现，政治参与情况（是否为党员、家中有几名党员），家庭经济情况（家庭人均年收入、家庭人均年支出、人均住房面积、拥有耐用消费品数量）与"扶贫项目安排的合理性、贫困户选择的合理性、本村扶贫效果"三个方面的认知情况不存在显著相关。

非贫困户作为扶贫政策的旁观者，从政策实施角度来看他们并未直接享受到政策福利，甚至在与贫困户的政策享受差异对比下似乎成为了相对利益受损的群体，但其实并不尽然。扶贫工作在农村的实施，不仅仅是指向性的对贫困户的政策实施，还包括用水用电、活动室、卫生所、学校、道路修建等一系列村庄建设，这些基础设施的建设需要大量的资金，扶贫政策的实施加速了新农村建设，农村风貌的改善不仅仅是对贫困户群体的一种福利，更是对全村农户的一种普惠式的福利性政策，提高了农户的医疗、教育、基本生活、交通出行的保障水平，老百姓也切切实实地感受到了这样的变化。

另外，产业扶贫政策下，在基层干部和扶贫工作队的带领下和农户的积极参与下，村庄发展起来各项产业，各项产业的发展，不仅仅使贫困户得到了分红和受益，也使非贫困户得到了一定的生产就业机会，村集体经济也有了一笔不小的收入，这也为该村的建设提供了很大的机会和发展空间。譬如调查地样本村就发展了种植业，给愿意参与的农户包括贫困户和非贫困户发放种苗以及教授种植技术，再对农户收获的农产品进行收购、统一加工和销售，解决了农户销售等一系列的难题。当然也存在这样一种情况，就是由于产业发展的带头人需要具备一定的经验和能力，参与产业发展的大多是青壮年，而造成贫困的很大一个因素就是家中缺少劳动力（或是家中没有适龄劳动力，或是家中劳动力需要照顾老幼或病人），所以真正困难的家庭很难投身于这样的产业发展中，更难从中获益。一方面，这样的农户家庭不具备成为产业发展带头人的能力和经验，另一方面他们也缺乏积极参与产业发展（例如种植养殖）的劳动力。所以产业发展的确带动了农村的经济发展，也让农户们都或多或少地享受了这样的政策成果，但是产业发展的现状和条件也拉开了农户间的受益差距，有能力有条件的农户发家致富了，而缺少劳动力的困难家庭还是很难真正、持续性地受益，在某种程度上甚至是加剧了农户间的贫富分化。我想这的确是很难解决或者说无法解决的，放在竞争市场上这是一种正常的无可避免的适者生存，但是如果放到保障政策系统中进行考量，这的确值得我们注意和反思。

二 影响非贫困户与贫困户群体间认知差异的因素

从图 6-12、图 6-13、图 6-14 可以清晰地看到非贫困户与贫困户在"贫困户识别的合理性、扶贫项目安排的合理性、本村扶贫效果"三个方面存在认知差异。将"扶贫项目安排得合理、贫困户识别得合理、本村扶贫效果好"三个方面看作对扶贫政策的正向认知，即认同扶贫政策的实施及结果，那么从样本数据中可以看出，整体来说，贫困户要比非贫困户对扶贫政策具有更为正向的认知。

通过将"认为扶贫项目合理性"的选项进行赋值之后在非贫困户和贫困户两个群体之间进行独立样本 T 检验得出的结论与上文一致。

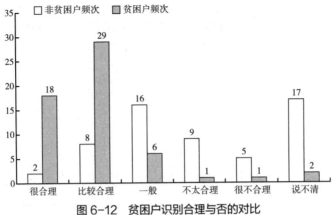

图 6-12　贫困户识别合理与否的对比

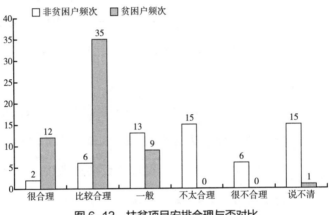

图 6-13　扶贫项目安排合理与否对比

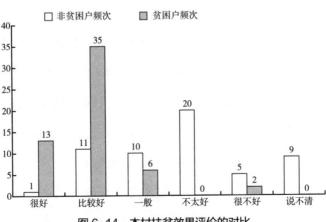

图 6-14　本村扶贫效果评价的对比

表 6-22 对扶贫项目合理性的态度情况与农户类型的
独立样本 T 检验（1= 贫困户，2= 非贫困户）

变量		M	SD	T
对扶贫项目合理性的 态度情况	贫困户	1.91	0.662	−2.390***
	非贫困户	2.51	1.764	

注：***p<0.001。

对扶贫项目合理性的态度情况，分为五个维度（很合理、比较合理、一般、不太合理、很不合理、说不清）。由表 6-22 可知，在 0.001 的显著水平下，非贫困户要比贫困户认为扶贫项目的合理性低一些，也就是说贫困户普遍认为扶贫项目是合理的，而相比贫困户来说，非贫困户则认为扶贫项目没那么合理。

前面提到非贫困户之间对精准扶贫政策的认知也存在较大的差异，从前面的阐述可知，非贫困户在扶贫工作的实施中也享受到了村庄建设和产业发展等普惠式的农村发展政策。的确，在扶贫政策的实施中，贫困户是政策实施对象，自然就是享受利益最大化者，精准扶贫政策的指向性势必让贫困户与非贫困户之间存在政策享受差异，代缴医疗保险费和基本养老保险费、低保、产业发展、就业帮扶等只有贫困户才能享有的政策，会直接影响贫困户和非贫困户对精准扶贫政策的认知差异。但仍有不少的非贫困户对精准扶贫政策表现出支持与满意，一是非贫困户的生活已完全可以自给自足、达到小康水平，所以面对贫困户才能享有的各项补贴并不会产生太大的心理失衡，这样救济性的补贴对其生活改善作用也并不大；二是非贫困中有部分农户享受到了产业发展等普惠式的帮扶，这些帮扶是随着扶贫工作的开展才逐渐在农村进行实施的，故而农户对于精准扶贫政策持支持的态度；三是非贫困户中有更多的党员，对"你或家人是否参与了最近一次村委会投票、村委会召开的会议、村民组召开的会议、乡镇人大代表投票"四个问题中，有更多的非贫困户选择了"参与"的选项，即非贫困户对于村委会的决策参与更多，这样的参与感也使得非贫困户对于政策的认知有更为正面的态度，譬如在调查地，就有一户老党员，曾经担任村支书，虽然家中经济条件并不优越，提及扶贫工作却十分热忱，表现出来的也是十分满意和欣慰的态度。

对于图 6-12、图 6-13、图 6-14 "贫困户识别的合理性、本村扶贫效果、扶贫项目安排的合理性"体现出来三个方面的认知情况，我们还可以发现，更多的非贫困户认为本村贫困户的选择不合理，在问到是否了解或者参与到贫困户的识别和选择工作中，大多数农户都表示不知情，我们可以推测这样的不知情是否会加剧农户认为贫困户选择不合理的认知。而且判断一个家庭是否可以成为建档立卡贫困户的确具有一定的模糊性，特别是当农户的生活经济水平难以准确评估和核查时，即使识别标准中有"两不愁三保障"以及家庭收入线等细化项目，也不否认在实际工作中的确会出现一定的偏差，或许是基层干部的主观所为，但也极有可能是工作的失误。但是农户对这样的工作难题并不知情，就难免会存在各种设想，所以对于整个识

第一节　总结

　　我国扶贫工作已从全面脱贫转到精准扶贫，贫困户是精准扶贫政策的主要实施对象，对他们的现状调查可以关联到精准扶贫的成效、面临困境及提升策略等多方面内容。同样，对精准扶贫中非贫困户的现状了解也具有十分重要的意义，研究非贫困户的现状，对2020年取得脱贫攻坚胜利之后的相对贫困治理具有前瞻性意义。

　　本研究的数据表明，贫困户的生活水平均已得到明显提高，通过贫困户的基本生活情况（信息网络及道路情况、用水炊事情况、厕所类型及垃圾排污情况、家庭耐用消费品拥有情况）、住房状况与收支状况分析发现，贫困户的生活水平已与非贫困户持平甚至超过部分非贫困户；通过独立样本 T 检验发现非贫困户和贫困户群体之间存在认知差异，同时非贫困户群体内存在认知差异，非贫困户对精准扶贫政策认知较为负面，贫困户的认识则普遍偏向正面。也就是说大多数的贫困户对精准扶贫政策是认可和满意的，而有的非贫困户对精准扶贫政策是认可和满意的，有的非贫困户对精准扶贫政策是不太认可和不太满意的。

第一，为什么大多数的贫困户对精准扶贫政策是认可和满意的，答案很明显就是扶贫政策的落实的确让他们从中受益，他们的生活水平切切实实地得到了提高，也就是说精准扶贫政策成效显著。而为什么有的非贫困户对精准扶贫政策不太认可和不太满意？毕竟精准扶贫政策下的福利覆盖是有限的，在识别贫困户的过程中，难免会因为工作不到位和家庭生活水平判断的困难以及贫困户人数有限等因素，导致部分处于扶贫标准边缘的非贫困户未被纳入贫困户的行列，因而也就未能享受到扶贫政策。虽然精准扶贫政策也给非贫困户带来了一些生活上的改善，但是对于部分确实存在住房、医疗、教育等基本生活保障问题的非贫困户，他们的问题并未得到根本的改善，加之同村的贫困户在享受了扶贫政策之后生活水平大大提高甚至超过了这些非贫困户，这些非贫困户自然会对扶贫政策产生一些不认可和不满意。

第二，贫困户是精准扶贫政策的直接福利享受者，为什么还存在部分贫困户对精准扶贫政策不认可或不满意？

一方面因为脱贫攻坚任务迫在眉睫，部分贫困户脱贫较快，享受到的政策并未较大幅度提高其生活水平；另一方面是因为贫困户自身对于扶贫工作认识不到位，未实现真正的自我发展。

第三，为什么有的非贫困户对精准扶贫政策是认可和满意的？精准扶贫工作虽然是主要针对贫困户实施的政策，但是整个实施过程包括识别、政策实行、脱贫工作等，是一场投入巨大人力、物力的运动，给农村带来的不仅仅是指向性的扶贫入户，也给整个农村包括非贫困户带来了福利。通过入户调查的数据和实际访谈可以发现，村庄基础建设得到改善，农户反映村干部做事更加公道，村委会各项工作更公开透明，另外部分非贫困户参与贫困户识别或决策工作，这样的参与感也让非贫困户对精准扶贫政策认可程度更高。

第二节　建议

在全面脱贫之后，为巩固脱贫成果和提升脱贫成效，后续各种扶贫常态化已成为必然的趋势，基于防范返贫风险、构建扶贫的长效机制的目标，笔者对照前面研究发现存在的问题和不足提出几点建议。

一 加强对非贫困户的关注与支持

加大对非贫困户尤其是边缘户（生活水平处于扶贫识别标准边缘而未被识别为贫困户的非贫困户）的关注与支持力度，巩固脱贫成果。精准扶贫政策带来的贫困户与非贫困户的政策享受差异大大改善了贫困户的生活，但随之而来就是贫困户的生活水平达到甚至超过了部分非贫困户的生活水平，特别是原本生活水平就并不太高但也并不符合贫困户识别标准的非贫困户。这部分非贫困户的生活水平有着很大的提高空间，与贫困户之间存在的政策享受差异让他们产生了相对剥夺感，因而对精准扶贫政策的实施产生不认同感。虽然非贫困户并不是扶贫工作的对象，但对于非贫困户尤其是边缘户而言，他们也存在产业发展、就业帮扶等方面的需求。而且在某种程度上，他们的内在发展动力和可发展潜力也许会高于部分缺乏劳动力的贫困户。

因而在实施产业发展、小额信贷等帮扶政策时，对部分非贫困户进行关注并提供支持，一方面可以消除他们的相对剥夺感，从而巩固脱贫成果；另一方面在乡村振兴的背景下，这对农村的发展与构建和谐新农村有着很大的实践意义。第一，建议在农村开展的就业技能培训也将部分有意愿且有需求的非贫困户纳入培训名单中，让非贫困户也参与到产业发展中来，例如乡村合作社或集体性企业不只招收贫困户员工，在优先满足贫困户需求的情况下，也对非贫困户进行就业帮扶。第二，建议村基层干部对部分非贫困户也时常进行走访，及时了解和掌握非贫困户的家庭情况，让非贫困户也感受到来自政府的关心与支持。第三，建议在村扶贫工作中要积极发动非贫困户参与，例如贫困户的识别工作和扶贫的宣传工作，增强非贫困户对扶贫工作的参与感，有利于消除非贫困户对于扶贫工作的不了解甚至是误解。

二 因人施策，提升贫困户的内生动力

因人施策，继续推进实施产业扶贫、就业帮扶政策，真正提升贫困户的内生动力和可持续发展动力。贫困户作为精准扶贫政策的直接实施对象，是政策福利的直接享受者，但仍存在部分贫困户对精准扶贫政策持有不认可和不满意的评价。在入户调查时，我们也发现针对贫困户开展的就业、产业等帮扶工作，存在短时性、轮流性、缺少针对性的情况，例如公益性岗位采用贫困户轮流工作，工资也是大家平分，还有就是不考虑贫困户家中的劳动力情况，统一派发种苗种猪等，在某种程度上反而加重了贫困户的劳动负担，使扶贫成效大打折扣。且贫困户对于产业发展、就业帮扶中得到的岗位和福利也产生了极大的不确定感，表示出一定程度的担忧。

因而更加有针对性地对贫困户采取扶贫政策，有利于扶贫资金的效用最大化，也有助于提高贫困户对于政策的认同感。笔者建议，积极利用社会工作专业力量，社会工作的理念与视角对于扶贫和脱贫具有很高的契合性，有助

估，并建立反馈和评估体系，掌握项目的参与状况、成本和收益水平、存在的问题与不足，了解实施对象的状况变化及态度情况，有利于提高项目的可行性和合理性，以及时改进项目。

四 逐步由"补缺"变"普惠"

逐步实现部分扶贫项目由"补缺"向"普惠"转变，构建防贫和反贫的长效机制。其实造成贫困的很大一部分原因是住房、医疗、教育保障水平不够，尤其是大病慢病医疗保障不够，家中有老人的更甚，而目前很多贫困户都是老人户，老人就很容易患上大病和慢性病，一方面进行就医需要资金上的耗费，另一方面需要家中一名劳动力进行照顾，如果是大病，那么极有可能会使一个普通的农村家庭迅速陷入贫困。住房保障问题在样本村不是特别突出，但是在笔者到过的别的调查地，囿于当地的气候以及地理环境因素，住房若建在交通出行不便的地方，会使得家中的劳动力难以进行就业以及给家庭成员就医带来极大的不便，这样会引起一系列的其他方面的问题。

现有的精准扶贫工作是根据识别标准进行建档立卡，对贫困户有一揽子的帮扶政策，少部分贫困户享受到了很多其实并不适合他们的扶贫政策，例如贫困户家中并没有合适的劳动力，却享有公益性岗位，据了解该贫困户并未太多地进行工作，却和其他贫困户一样领取到了相应的公益性岗位工资。这可以说是变相地进行财政扶贫补贴。笔者的建议与设想是，对住房、医疗、教育等保障方面，首先是提高保障水平，然后是对保障项目进行精准识别，对没有达到住房标准的贫困户进行住房的保障，而不再是不考虑实际情况或者单纯为了扶贫效果而采取一系列的帮扶措施，这样可以有效提高扶贫财政资金的使用效益。

结　语

　　精准扶贫政策背景下，不同学科的学者以其专业视角对精准扶贫进行调查研究，而本书也是在此背景下，对万安县的扶贫情况进行调查研究，万安县于 2018 年实现脱贫摘帽。这是一个精准扶贫成效显著的贫困县，对其进行研究很具有典型意义。本书以万安县潞田镇寨下村作为问卷调查的样本村。

　　本书对万安县的基本状况、潞田镇的基本状况、寨下村的基本状况和贫困现状及扶贫现状进行了梳理。寨下村全村建档立卡贫困户有 67 户 239 人，主要是因病、因学、因残、缺劳动能力等致贫，到 2017 年底，已实现脱贫 65 户 229 人。本书对寨下村致贫原因进行了分析，主要原因有两个方面：个人因素和区域因素，经过数据分析发现，贫困户更趋向于从自身寻找致贫原因，而很少关注区域因素对自身贫困的影响。

　　本书不仅关注精准扶贫对贫困户的影响，也重视精准扶贫政策对非贫困户的影响，本书将万安县的问卷数据与横峰县的问卷调查放在一起进行分析，比较精准扶贫政策下非贫困户与贫困户之间的差异，得出非贫困户相对于贫困户对精准扶贫政策的认知较为负面，且内部存在认知差异，并且对影响认知差异的因素进行分析，而贫困户对精准扶贫政策的认知普遍较为正向；非贫困户的生活水平总体上比贫困户高。

万安县精准扶贫成效显著，但也存在一些问题与困境：精准扶贫政策的实施导致非贫困户有政策享受差异感和相对剥夺感，贫困户和非贫困户收入分化问题和扶贫对象动态管理问题。本书针对这些问题也提出了相应的建议，同时也有对未来的展望，即下一步的研究方向：首先，研究基层扶贫干部对精准扶贫政策的认知状况和如何推进基层干部扶贫工作的积极开展并取得成效是十分有必要的，因为基层扶贫干部是扶贫过程中的主力军和亲历者。其次，研究如何防止全面脱贫后贫困户再陷入贫困的问题发生和全面脱贫之后如何帮扶非贫困户和贫困户减少相对贫困的发生应是以后精准扶贫研究领域的重点。最后，个人贫困问题基本解决后，对如何推进脱贫攻坚与乡村振兴衔接的研究也就应占据学者更多的视线。

附 录

附录一　潞田镇脱贫攻坚访谈提纲

1. 乡镇基本情况介绍。

2. 本乡镇贫困户数据及档案。

3. 本乡镇脱贫攻坚如何部署开展的？

4. 本乡镇脱贫攻坚特色亮点有哪些？

5. 本乡镇易地搬迁情况如何？多少户？多少人？建了几个集中安置点？人均建筑面积多少？有无负债？负债大体情况如何？

6. 本乡镇危房改造数据。

7. 本乡镇村庄建设情况（实施多少项目？投资多少？项目进展情况）。

8. 如何管理第一书记和帮扶干部？

9. 本乡镇扶贫工作站的建设及人员经费情况如何？

10. 本乡镇农民增收主要靠什么？如何引导贫困户发展产业？

11. 脱贫攻坚工作中存在的困难和问题有哪些？

附录二　潞田镇 2017 年脱贫攻坚工作情况汇报

（2017 年 12 月 30 日）

　　潞田镇位于万安县西北部，是万安县 105 国道在线的三个建制镇之一。105 国道、大广高速穿境而过，上通赣州，下连吉安，与遂川交界，距县城 25 公里，距泰和火车站、井冈山机场车程均在 1 小时以内。全镇国土总面积 153.57 平方公里，其中耕地面积 2.73 万亩，山地面积 16.9 万亩。辖 1 个居委会、10 个行政村，142 个村小组，5497 户，近 2 万人。分别有寨下、东村、高坑 3 个"十三五"贫困村，2016 年退出 2 个（寨下村、东村村），2017 年退出 1 个（高坑村）。全镇建档立卡贫困户 568 户 2231 人。2014 年脱贫 105 户 467 人，2015 年脱贫 165 户 693 人，2016 年脱贫 126 户 506 人，2017 年脱贫 119 户 413 人，预留未脱贫 53 户 152 人，以 2014 年人口基数 17855 人计算，贫困发生率为 0.86%；以 2017 年实际人口 18032 人计算，贫困发生率为 0.85%。

　　今年以来，我镇深入贯彻习近平总书记扶贫开发战略思想，全面落实省委"核心是精准、关键落实、确保可持续"和市委"三个到位、志智双扶、两表公开"要求，坚持把脱贫攻坚作为最大的政治任务、最大的民生工程来落实，真扶贫，扶真贫，取得了明显成效。东村村"党建+

村集体经济发展"受到市委表彰，得到省人大和市委、市政府主要领导的充分肯定；我镇首创的脱贫攻坚"双线帮扶"工作法得到全县推广。

一　脱贫攻坚基本情况

（一）强化保障，夯实基础，健全脱贫攻坚支撑体系

一抓队伍和分工。成立潞田镇脱贫攻坚工作指挥部及其办公室，由党委书记任总指挥，镇长任副总指挥，人大主席为总协调并主管脱贫攻坚工作，班子成员分工负责，分项目抽调农技、水利、畜牧、林业、城建、国土等专业技术人员组成产业扶贫、基础设施扶贫、安居扶贫等十个专项工作组。切实做到责任到部门，任务到个人。二抓保障和督查。镇政府安排专项工作经费，保证各项工作顺利开展。强化阵地建设，投入十多万元完善镇村扶贫工作站（室）规范化建设。建立周例会制度和督察制度，每周通报工作及项目完成情况，研究解决问题。三抓责任和帮扶。实行挂村帮扶工作制，由一名班子成员带领 2~3 名机关干部组成帮扶工作组负责一个村。实行一名镇机关干部、县直单位干部帮扶 5~7 户贫困户和镇村干部"1+n"双线帮扶工作责任制，实现了帮扶工作全覆盖和无缝对接。

（二）精准发力，强化落实，夯实脱贫攻坚工作基础

2017 年我镇尚有未脱贫贫困户 172 户 568 人。三个

"十三五"贫困村中寨下村、东村村2016年已脱贫退出，高坑村2017年退出。脱贫攻坚，规划先行。坚持细到村组，围绕交通、饮水、住房、产业发展、公共服务等热点难题，在充分实地调研和广泛征求群众意见的基础上，制定了产业发展、安居工程、基础设施建设及就业保障扶贫专项规划方案。坚持精准到户，围绕"脱贫"目标，帮扶单位领导和镇村干部一道，帮助每个村、每个贫困户根据自身特点和发展意愿，制订了脱贫致富计划，切实提高了扶贫的精准性、有效性和持续性，探索了建立精准扶贫机制的实现途径。

（三）分类施策，多措并举，全力打好脱贫攻坚战

一是抓基础设施，优化脱贫载体。加大资金投入基础设施建设，实现了"村村通"水泥路工程，解决了"行路难"，改善了镇村交通，方便群众出行；开通了程控电话、移动基站、网络通信，解决了"通信难"；完成了农电网改造，解决了"用电难"；完善农村安全饮水工程，惠及村民2000余人。完成小（二）型水库除险加固和排灌设施，确保灌溉和度汛安全。对七个非贫困村安排335.2万元资金对所有建档立卡贫困户进行改路、改水和改厕，对三个贫困村安排120万元资金对所有建档立卡贫困户进行改路、改水和改厕，极大地改善了贫困户的生产生活条件。我镇紧扣"拆、留、清、建"四个字推进村庄整治和新农村建设。"拆"即拆除有碍观瞻的破旧低矮空心房，"留"即保留古屋古道古桥祠堂等具有历史文化底蕴的建

筑，"清"即清理污泥池塘河道垃圾，"建"即通户路硬化、房屋立面改造、安全饮水设施等建设。全面实施村庄"七改三网"项目（即改路、改水、改厕、改房、改沟、改塘、改环境，建设电力、广电、电信网络）。完成村庄整治点建设8个，项目资金160余万元；完成2017年新农村建设点9个，项目资金270万元；完成2018年新农村建设预选点建设19个，项目资金560万元，乡村面貌焕然一新。

二是抓产业发展，拓宽增收渠道。通过干部帮扶和资金奖补方式，拓宽贫困群众稳定增收渠道。568户贫困户自主发展家禽、家畜、水产养殖、中药材、果业、毛竹、油茶、光伏等产业，获得奖补资金145.751万余元。帮助无劳动能力和生产条件（全家纳入低保保障）的贫困户加入合作社，86户贫困户通过向万安农商银行申请"产业扶贫信贷通"进行产业合作，加入万安县永生红豆杉种植合作社每年分红3000元的固定收益。23户贫困户申请了3万~5万元产业发展贷款110万元，享受3年内免担保、免抵押和财政全额贴息。2014~2017年我镇已享受产业资金扶持的农民专业合作社6个，资金80万元，其中20%用于合作社综合服务建设，80%量化到120户贫困户作为股金参与收益分红。寨下村黄金茶、东村村何首乌、高坑村油茶毛竹、潞田村竹荪灵芝以及井冈蜜柚等产业已成为贫困户脱贫致富的主导产业。

三是抓安居扶贫，做好"民心"工程。牢固树立"对象就是任务、任务必须完成"的工作理念，明确"应拆尽拆、应改尽改、应修尽修"的工作要求，组织人员对D级危房进行全面清查，做到全面彻底、不漏一户。严格按照"一户一宅"政策，对无人居住的 D 级危房要坚决予以拆除，目前已拆除危旧房正栋 169 栋 16800 平方米，拆除附房 1369 栋 34200 平方米。将仍居住在 D 级危房的建档立卡贫困户等"五类人员"，全部纳入 2017 年新建计划，将仍居住在 C 级危房的建档立卡贫困户等"五类人员"，全部纳入维修计划。对危改对象精准识别，实行动态管理，全镇上报新建 96 户（其中自建 83 户，代建 13 户），维修 346 户（其中四类对象 95 户，一般农户 251 户）。同时，在全镇开展了垃圾集中整治活动，对全镇各村区域内公路两侧、江河塘沟渠和村庄周边及出入口开展随意倾倒、堆放垃圾现象的集中清理整治，实现村庄干净整洁、井然有序。电力、广电、电信网络实现全覆盖。

四是抓技能培训，增强造血功能。针对贫困群众的实际需求，我镇把就业扶贫摆在重要位置，不断强化政策落地，通过创新开展转移就业扶贫、助推创业扶贫、精准培训扶贫、人才支撑扶贫等系列活动努力创造适合贫困群众的就业岗位，助力贫困群众脱贫致富奔小康。镇政府与县就业局于 2017 年 5 月 2 日举行了建档立卡贫困户黄金茶种植培训，培训人员 52 人，其中贫困户 16 人。2017 年 5 月 4 日举行了红豆杉种植培训，培训人员 96 人，其中贫困户 43 人参训。全年举办村级贫困劳动力就业培训 6 期，培训 339 人。我镇现有县外就业贫困人口 444 人，县内就业贫困人口 541 人，还未就业的有 21 人。2017 年万安恒力鞋厂、南通服饰、协讯电子和创科鸿电子分别在潞田村、东村村和高坑村设立就业扶贫车间4个，吸纳58名贫困劳动力就业，为贫困户在家门口就业创造条件，增加收入。设立保洁、护林等公益性岗位66个，助力贫困家庭增收44.2万余元。

五是抓生态建设，发展"绿色银行"。按照生态林业和民生林业统筹发展的理念，将扶贫工作和生态建设结合起来，我镇36名农村贫困人口就地转化为生态护林员，生态护林员积极发挥作用，做到了"山有人管、林有人护、火有人防"，同时，自2016年10月开始生态护林员每季度拿到2500元护林工资，共计36万元，促进了贫困户增收。

六是抓协调推进，突出民生保障。2017年潞田镇建档立卡户共享受民政资金2006595.19元，其中农村低保共有245户585人，共享受资金1463445元，自主提高建档立卡贫困户低保共有245户585人，72612元；医疗救助共有137人，146949.09元，自主提高建档立卡贫困户共有70人，14626.1元；临时救助共有9户10人，20500元；分散供养五保对象共有9人，全年发放资金41280元；全年发放救灾资金21人，49100元；全镇有享受优抚补助对象9人，发放优抚金37013元，八一走访优抚对象9人，慰问金2700元；退役士兵自主就业一次性经济救助金2人，31500元；义务兵家庭优待金2人，18120元；80岁以上老年人高龄补贴共52人，31200元；残疾人两项补贴共有91人，77550元。

七是抓好教育工程，激发内在动力。以建档立卡贫困家庭受教育学生为重点，实施资助就学优先，确保贫困家庭学生受教育权利，确保不让一名学生因贫辍学，目前全镇无一名学生因家庭困难而辍学，建档立卡贫困户学生入学率达到 100%。实施资助贫困家庭学生就学全覆盖，落实好各项资助政策，实现教育扶贫精准到人，保障贫困家庭学生就学，从制度上消除因贫失学辍学现象。2016 年上半年，全镇共 279 名建档立卡贫困户学生享受教育扶贫补助 201200 元；2016 年下半年，共 362 名建档立卡贫困户学生享受补助 448960 元；2017 年上半年，共 305 名建档立卡贫困户学生享受补助 247080 元，2017 年下半年，共 311 名建档立卡贫困户学生享受补助 341450 元。同时，在全镇范围内开展"脱贫先进户"评选表彰活动，激发贫困户勤劳致富脱贫光荣热情，今年共评选出村级"脱贫先进户"200 户（每村每季度评选一次），镇级"脱贫先进户"50 户（每半年评选一次）。

八是抓健康扶贫，降低返贫风险。我镇高度重视健康扶贫工作，2016 年完成五个村公有产权村卫生室建设，并通过了验收，乡村医生全部入驻新卫生室办公。2017 年四个村公有产权卫生室建设已全部完成改建或新建任务。2016 年以来共完成贫困孕产补助 100 人次，共计补助 3 万元。2017 年潞田镇卫生院共完成 10 个村的免费体检工作，共体检 1752 人，其中建档立卡户 759 人。2017 年我镇共有 2235 名建档立卡贫困人口由县财政全额代缴新农合 150 元 / 人共计 335250 元，大病保险 40 元 / 人共计 89400 元，商业补充保险 100 元 / 人共计 223500 元。潞田医院设立了扶贫病床 4 张，实行了先诊疗后付费政策，落实了建档立卡户政策规定的住院免收起付线和床位费，2017 年 1~12 月，在潞田医院住院共减免住院起付线 134 人次，金额 13400 元，减免床位费 8504 元。

（四）明确责任，因户施策，广泛动员聚合力

政策与资金的帮助是加快脱贫步伐的重要依托，潞田镇汇聚各方支持，为脱贫攻坚、助力摘帽形成了良好工作态势。一是上级领导和单位挂点帮扶。县委副书记傅小林挂点潞田镇督促指导全镇脱贫攻坚，市县检察院、县住建局、房产局等单位分别挂点潞田镇 3 个贫困村，帮助制订脱贫计划，争取资金项目发展产业，改善基础设施条件，有力地推动了脱贫攻坚进程。二是镇政府多方带动筹措。按照"统筹安排、集中使用、性质不变、渠道不乱"的原则，积极整合发改、交通、水利、住建、国土、财政、民政、扶贫、农业、林业等政策性资金，带动激活了公益慈善、企业、商会组织等社会资源。三是辐射放大群众团体能量。充分发挥统战、工商、共青团、妇联、科协、残联等群众团体作用，依托在外乡籍企业家、乡籍离退休老干部等多种联系广泛的渠道优势，加强纵向、横向交流与沟通，让各种社会力量参与脱贫攻坚行动中来。

（五）着眼未来，注重长效，努力实现稳定脱贫

脱贫摘帽不是最终目标，让贫困群众稳定脱贫、同步小康才是我们的不懈追求，为此，我镇着眼长远，注重激发内生动力，夯实基层基础，巩固脱贫成果。

1. 激发内生动力

为帮助贫困户摒弃"等靠要"思想，大力推进"志智"双扶工程，有效激发内生动力，点燃脱贫"引擎"。通过技能培训、产业奖补、信贷支持，把"想干、敢干"的贫困户扶起来，通过示范引领、模范带动，开展脱贫先进户和脱贫典型评选等活动，把没有干的人发动起来。坚持每季度评选50户村级"脱贫先进户"和每半年评选出50户乡镇级"脱贫先进户"，多形式广角度大力宣传，让贫困户学有榜样、行有示范，不断激发"我要脱贫"的内生动力。

2. 发展长效产业

要稳定脱贫，必须坚持产业为根，我镇在产业扶贫过程中，既要考虑群众短期产业收益，又得考虑群众的长效产业发展。为此，我县积极引导、扶持贫困户发展井冈蜜柚、何首乌、油茶、茶叶、毛竹等各具特色的长效产业，确保贫困户实现长效稳定增收。一是为436户贫困户免费提供柚苗3.5万余株，推进"一户两亩"井冈蜜柚保底工程，连续三年给予200元/亩的抚育奖补资金。二是为有产业发展意愿的23户提供免担保、免抵押、全额贴息小额信贷资金1.13万元，解决产业发展缺资金难题，助推贫困户长效产业发展。三是财政安排3000元/亩奖补资金，推进全县各行政村建立产权归属村集体的产业扶贫基地，实现每户1亩以上长效产业全覆盖，为每一户贫困户打造一个稳定增收的"绿色银行"。

3. 壮大集体经济

针对村级经济"空壳"现象严重，我镇以增强村级自身造血功能为着力点，通过建设光伏电站、盘活资产、服务创收等模式，实施壮大村级集体经济三年攻坚战略，因村施策、多措并举，发展村级集体经济。在2016年投入60万元为两个贫困村建设光伏发电站的基础上，今年结合光伏扩面工程，再投入近630万元，支持全镇所有行政村建成一个100千瓦的集中式光伏电站，实现了村村有光伏电站，每年可为每个村带来近10万元的村集体经济收入，村里保证将其中5万元用于为贫困户解决公益性岗位和对特殊困难贫困户加以救助后，其他发电收益用于村公益事业，此举有效增强了村级组织造血功能，提升了村级组织带领村民脱贫致富的能力。

4. 打造不走的队伍

我镇坚持党建＋扶贫，一方面鼓励外出务工创业"能人"返乡创业以助推脱贫攻坚；另一方面按照"政治素质强、发展能力强"的标准，引导外出务工创业"能人"等到村"两委"挂职，经过培养后，选聘优秀的担任村书记、主任。目前，已有十多位返乡创业"能人"到村任职。今年结合村（社区）"两委"换届，出台了《关于进一步强化村（社区）后备干部选拔培养的工作方案》，采取结对帮带、压岗锻炼等多种形式，对村级后备干部进行动态管理，在脱贫攻坚一线选拔培养村级后备干部。近两年来，全镇挖掘培养村级后备干部十多名。同时健全了一镇一村扶贫工作站室，10个行政村扶贫工作站室都做到人员、机构、经费、场所"四固定"，打造了一支不走的扶贫队伍。

附录三　寨下村委关于脱贫攻坚工作情况的汇报

一　村基本情况

寨下村地处潞田镇的南面，105 国道横穿而过，东邻罗塘乡，南连遂川于田镇，西靠田心村，北接下石村、潞田村。全村总面积 10.5 平方公里，耕地 2195 亩，林地 1万余亩，水面 600 亩，辖 15 个村小组（14 个自然村），有农户 465 户，人口 1783 人，党小组 6 个，党员 53 人。现拥有一所村小学，一所公共产权卫生室，一所普惠性幼儿园。

二　贫困户基本情况

通过精准识别和民主评议，全村建档立卡贫困户有 67户 239 人（一般贫困户 39 户 154 人、低保贫困户 13 户 50人、纯低保户 13 户 33 人、五保户 2 户 2 人），主要是因病、因学、因残、缺劳动能力等原因致贫。通过干部的帮扶和村民的共同努力，到 2017 年底，已实现脱贫 65 户 229 人（其中 2014 年脱贫 12 户 43 人，2015 年脱贫 22 户 73 人，2016 年脱贫 26 户 99 人，2017 年脱贫 5 户 14 人），未脱贫建档立卡贫困户 2 户 10 人。

三 贫困户产业发展

光伏发电：为积极壮大村集体经济，寨下村建成140kV光伏发电站一座。

贫困户产业发展：全村67户建档立卡贫困户通过发展井冈蜜柚、油茶低改、茶叶种植和养鸡、鸭、牛、鱼等，长短结合，实现了产业全覆盖。

四 贫困户看病、报销情况

1. 贫困户通过基本医疗、大病医疗保险、大病商业补充保险、民政医疗救助、财政自主提高补偿等五道防线，有效地防范了因病受困返贫情况发生。

2. 新农合报账情况：2016年、2017年贫困户住院费用报账比例达到90%以上。

五 安居扶贫

该村驻村工作队、第一书记及村两委干部逐户核查住房情况，确保百姓住上安全房。

六 村庄整治情况

2016年共投资170万元对罗塘、黄陂、南玄、上关石、洞紫霞、樟树下、河背7个重度贫困村小组实施了村庄整治。主要实施项目有危旧土坯房拆除、土地平整、排水沟、路面硬化、房屋粉刷维修、改水改厕改环境等。

七　驻村帮扶情况

1. 派驻村单位：县住建局、县建行、潞田镇人民政府。

2. 驻村工作队成员：刘纯柱（队长，潞田镇人民政府），肖长春（第一书记、成员，县住建局），曾照辉（成员，县建行）。

3. 干部结对帮扶：县扶贫办安排 11 名干部对全村 67 户贫困户实行帮扶全覆盖。

4. 满意度情况：通过与群众结亲交友式的帮扶，拉近了群众距离，群众对驻村工作队、第一书记和帮扶干部的工作非常满意。

附录四　万安县潞田镇脱贫攻坚工作基本情况

潞田镇党委

我是潞田镇党委书记，现就我镇脱贫攻坚工作的一些情况和体会向大家汇报，不妥之处，敬请各位专家和领导批评指正。

我镇地处万安县西北部，镇内 105 国道、大广高速穿境而过，全镇辖区上通赣州，下连吉安，与遂川交界，距万安县城 25 公里，距泰和县火车站、井冈山机场车程均在 1 小时以内。全镇国土总面积 153.57 平方公里，其中耕地面积 2.73 万亩、山地面积 16.9 万亩。辖 1 个居委会、10 个行政村，142 个村小组，5497 户，近 2 万人。"十三五"贫困村有寨下、东村、高坑 3 个，其中 2016 年寨下村、东村村两村退出，2017 年高坑村退出。

我镇脱贫攻坚工作的主要做法如下。

一　以精准识别为前提，在动态管理中"扶真贫"

紧扣"精准扶贫"要求，严格遵照个人申请和两评议两公示一比对一公告程序，经过户过点组过筛村把关镇核查县审批，全镇目前建档立卡贫困户 567 户 2225 人，其中因病因残致贫 214 户，缺资金致贫 128 户，缺技术致贫 110 户，因学致贫 66 户，切实做到"应纳尽纳""应扶尽扶"，确保扶贫路上、小康路上不漏一户，不落一人。我镇对贫困人口实施动态管理，每月一排查、每季一比对、每年一审核，发现情况先列入疑似对象，镇村给予帮助，一定时期后"两不愁三保障"仍有问题的，按照程序适时纳入建档立卡户，安排帮扶干部对接帮扶。在动态管理中，2017年5月，全镇新增贫困户19户54人。

二 以精准帮扶为关键，在真抓实干中"真扶贫"

（一）聚合力，创新扶贫格局

主动作为。2016年乡镇换届后，成立潞田镇脱贫攻坚指挥部，党委书记和镇长任总指挥，人大主席为总协调并主管脱贫攻坚工作，班子成员分工负责，对应十大扶贫工程，抽调农技、水利、畜牧、林业、规划、国土等专业技术人员组成十个专项工作组，责任到部门，任务到个人，举全镇之力打赢脱贫攻坚战。2017年6月，我县创新工作机制，抓住脱贫攻坚中各级各类干部如何压实责任和确保有序高效开展工作的"牛鼻子"，创立"大村长制"，由县级领导和县直乡镇正科级干部担任"大村长"，对所挂村的脱贫攻坚工作总负责，县里决策部署可通过"大村长"直达村一级，统一部署、统一指挥、统一调度，以村为单位，精准攻坚拔寨，一改原来的人多手杂、缺乏统一的管理和调度、帮扶工作质量不高等问题。

感恩关怀。近年来，市县检察院、县纪委、县住建局、县房产局和镇机关共派出帮扶干部 107 名参与我镇帮扶工作，每名干部结对帮扶 5~7 户贫困户。对东村、寨下、高坑 3 个"十三五"贫困村，市派第一书记 1 名，县派第一书记 2 名，挂村县领导 2 名、县直局长 1 名。

在此基础上，镇村干部对县直单位帮扶干部的帮扶对象进行再包户，实行"双线帮扶"；安排驻村工作队员 30 人，每个行政村均明确工作队队长和第一书记。

（二）高标准，强化扶贫措施

一是抓基础设施，优化脱贫载体。加大资金投入基础设施建设，实现了村村通水泥路，解决了"行路难"；完善农村安全饮水工程，确保群众饮水安全。全面完成小（二）型水库除险加固和排灌设施。7 个非贫困村安排资金 335.2 万元对所有建档立卡贫困户进行改路、改水和改厕，3 个贫困村安排资金 120 万元对所有建档立卡贫困户进行改路、改水和改厕，乡村面貌焕然一新。

二是抓产业发展，拓宽增收渠道。通过干部结对帮扶和资金奖补方式，拓宽贫困群众稳定增收渠道。全镇 567 户贫困户自主发展家禽、水产、中药材、毛竹、油茶、光伏等产业，长短结合，并进行产业奖补。按照产业发展"1+4"模式，全镇各村均建设光伏发电站 1 座，组建农村合作社 1 家以上，新建和提升 100 亩以上种植产业基地 1 个，有条件的村建起了电商产业扶贫站。2015 年至 2017 年底，全镇 223 户贫困户申请了 1.5 万 ~5 万元产业发展贷款 1073.3 万元，享受 3 年内免担保、免抵押和财政全额贴息。帮助无劳动能力和生产条件（全家纳入低保保障）的贫困户加入合作社，86户贫困户通过"产业扶贫信贷通"进行产业合作，加入万安县永生红豆杉种植合作社和万安永永肉牛养殖基地，每年分红3000元固定收益。东村村何首乌、寨下村黄金茶、高坑村油茶毛竹、潞田村竹荪灵芝以及井冈蜜柚等产业已成为贫困户脱贫致富的主导产业。

三是抓安居扶贫，做好"民心"工程。严格按照"一户一宅"政策，对无人居住的D级危房坚决予以拆除，目前已拆除危旧房正栋169栋16800平方米，拆除附房1369栋34200平方米。将居住在D级危房的建档立卡贫困户等"五类人员"，全部纳入2017年新建计划，将居住在C级危房的建档立卡贫困户等"五类人员"，全部纳入维修计划。对危改对象精准识别，实行动态管理。

四是抓技能培训，增强造血功能。2017年5月，镇政府与县就业局联合举行了建档立卡贫困户黄金茶、红豆杉种植培训各一期，培训人员148人，其中贫困户59人。2017年，全年举办村级贫困劳动力就业培训6期，培训339人。2018年，我镇又陆续举办了6期贫困劳动力技能培训班，累计培训人次180余人。

寨下村、东村村、高坑村3个贫困村和潞田村、楼下村两个非贫困村设立就业扶贫车间5个，吸纳58名贫困劳动力就业，设立保洁、护林等公益性岗位66个，助力贫困家庭增收44.2万余元。

五是抓生态建设，发展"绿色银行"。贯彻执行生态林业和民生林业统筹发展的理念，将扶贫工作和生态建设有机结合，我镇 45 名农村贫困人口就地转化为生态护林员，每人每年 1 万元护林员工资，在保护潞田镇绿水青山的同时成功促进了贫困户增收。

六是抓协调推进，突出民生保障。2017 年，潞田镇所有建档立卡户共享受民政资金 2006595.19 元，全年发放救灾资金 21 人，49100 元；全镇享受优抚补助对象 9 人，发放优抚金 37013 元；80 岁以上老年人高龄补贴共 52 人，31200 元；残疾人两项补贴共有 91 人，77550 元。

七是抓教育工程，激发内在动力。目前全镇无一名学生因家庭困难而辍学，学生入学率达到 100%。2017 年上半年，共 305 名建档立卡贫困户学生享受教育补助 247080 元，2017 年下半年，共 311 名建档立卡贫困户学生享受教育补助 341450 元。

八是抓健康扶贫，降低返贫风险。2017 年潞田镇卫生院共完成 10 个村的免费体检工作，共体检 1752 人，其中建档立卡贫困户 759 人。2017 年，我镇共有 2235 名建档立卡贫困人口由县财政全额代缴新农合（150 元 / 人·年）共计 335250 元，大病保险（40 元 / 人·年）共计 89400 元，商业补充保险（100 元 / 人·年）共计 223500 元。2017 年，全年在潞田医院住院共减免住院起付线 134 人次，金额 13400 元，减免床位费 8504 元。

三　以精准退出为目标，在实事求是中"真脱贫"

根据"精准脱贫"要求，我镇严格遵守制订计划、精准帮扶、退出核定、村民代表评议、最后公示公告的退出程序，2014年脱贫104户461人；2015年脱贫165户693人；2016年脱贫126户506人；2017年脱贫119户413人，预留未脱贫53户152人，以2014年人口基数17855人计算，贫困发生率为0.85%；以2017年实际人口18167人计算，贫困发生率为0.84%。根据村情户情、贫困户建档立卡情况、村级发展水平等因素，2018年计划减贫30人，贫困发生率降至0.67%。

在为脱贫群众欣慰的同时，我镇高度重视脱贫户后续跟踪帮扶工作，随时准确掌握他们在生产、生活中遇到的各种困难，切实帮助解决好他们的后顾之忧。比如田心村的曾建平，儿子儿媳在外务工，购买小车，并新建住房，收入稳定增长，达到脱贫要求，2015年，曾建平儿子曾清明患暴病死亡，2017年儿媳衷红霞离家改嫁，经济支柱突然倒塌，只剩下曾建平老夫妇带一孙女度日，因年龄偏大，劳动能力受限，驻村工作队及帮扶干部及时了解到这一情况后，按照程序又将其进行了返贫处理。我镇在精准扶贫工作上，既善于发现问题，更敢于整改，扎实开展"回头看、回头帮"，巩固脱贫成效。

四　后续巩固脱贫成果的建议

（一）贫困人口再精准

精准识别帮扶对象，是精准扶贫取得良好成效的重要前提。受国家扶贫开发系统开放次数的限制，新识别贫困户、贫困户人口自然增减都不能及时反馈在系统中，导致后续扶贫政策享受落实也缺乏有效依据，这就需要我们在动态中不断精准识别贫困人口。

（二）产业发展再巩固

产业扶贫是脱贫攻坚的根本举措，目前，产业扶贫中，贫困户们享受的扶贫资金都是一样的，导致无法对一些贫困人口中的新型经营主体差别对待、给予重点扶持，为此，建议适度加大对新型经营主体的支持力度，鼓励贫困户规模化发展，支持农民合作社、家庭农场、种养大户发展，通过发挥引导资金"药引子"的作用，推动新型经营主体成为带动脱贫致富的主力。

（三）村庄设施再提升

"要致富，先修路"，基础设施建设事关发展大计。在这一轮脱贫攻坚战中，我镇通村通组道路基本完善，入户路硬化也主要是向贫困户倾斜，这就导致非贫困户入户路硬化需求成为群众上访焦点，为此，建议继续加大对退出村水、电、路、网等基础设施和教育、文化、医疗、卫生等公共服务的扶持投入力度，在巩固提升中持续改善农民群众发展条件。

（四）内生动力再激发

贫困户方面，部分贫困户脱贫致富动力不足。在入户走访中，发现一些贫困户年龄偏大，文化程度不高，既无劳动，又无技术，过多的"输血"养成了部分农户对扶贫的依赖性和生产生活上的惰性，他们产生"等靠要"的错误思想，缺乏干事创业的热情，比如高坑村的许海峰就是典型的"站在门口晒太阳，等着政府送小康"，每天的生活日常就是坐在家里看电视。另外，出于目标责任制、绩效考核等压力，为了尽快让贫困户脱贫，一些帮扶干部过多"代劳"，少数贫困群众反倒一边站着，一定程度上弱化了贫困户的内生发展动力。在后续巩固脱贫成效阶段，建议继续积极宣传"我脱贫、我光荣"理念，广泛开展脱贫先进典型评选，多举办贫困户"话感恩谈变化"专题交流会等活动。

脱贫攻坚，任重道远。作为乡镇干部的我们愿意用心血和汗水、勤劳和智慧，履行宗旨、担当使命，为顺利脱贫摘帽、建设富裕文明幸福新万安贡献应有力量！

参考文献

阿玛蒂亚·森:《贫困与饥荒》，王文玉译，商务印书馆，2001。

安东尼·哈尔、詹姆斯·梅志里:《发展型社会政策》，罗敏等译，社会科学文献出版社，2006。

晏阳初:《平民教育与乡村建设运动》，商务印书馆，2014。

费孝通:《乡土中国》，三联书店，1985。

付文凤、郭杰、欧名豪、孟霖、殷爽:《成本效益、政策认知与农村居民点整理农户补偿满意度研究》，《中国人口·资源与环境》2017年第5期。

H.孟德拉斯:《农民的终结》，李培林译，社会科学文献出版社，2005。

胡雅静:《农村精准扶贫面临的困境及对策研究》，《劳动保障世界》2018年第33期。

贺雪峰:《新乡土中国》，广西师范大学出版社，2003。

赫希曼:《经济发展战略》，曹征海、潘照东译，经济科学出版社，1991。

蒋国河:《社会工作与农村反贫困:本土化实践与理论反思》，中国社会出版社，2018。

卡尔·波兰尼:《大转型：我们时代的政治与经济起源》，冯钢、刘阳译，浙江人民出版社，2007。

刘伟、沈其文、黄志谋、汪红武、朱伟、孙志:《咸宁市农村贫困户调查与思考——以通山县黄沙镇新屋村为例》，《现代农业科技》2016年第5期。

陆学艺、李培林:《中国社会发展报告》，社会科学文献出版社，2007。

罗江月、唐丽霞:《扶贫瞄准方法与反思的国际研究成果》，《中国农业大学学报》（社会科学版）2014年第4期。

克利福德·吉尔兹:《地方性知识》，王海龙等译，中央编译出版社，2004。

迈克尔·谢若登:《资产与穷人：一项新的美国福利政策》，高鉴国译，商务印书馆，2005。

聂建亮、苗倩:《需求满足、政策认知与待遇享受——社会养老保险对农村老人幸福感影响的实证分析》，《西北大学学报》（哲学社会科学版）2017年第6期。

皮埃尔·布迪厄、华康德:《实践与反思——反思社会学导引》，李猛译，中央编译出版社，2004。

彭华民:《社会福利与需要满足》，社会科学文献出版社，2008。

钱宁:《以内源发展的社会政策思维助力精准扶贫》，《湖南师范大学社会科学学报》2017年第3期。

冉连:《建国以来我国扶贫政策：回顾、反思与展望——基于1949~2017年的政策文本分析》，《山西农业大学学报》（社会科学版）2018年第12期。

滕尼斯:《共同体与社会》,林荣远译,北京大学出版社,2010。

许汉泽、李小云:《精准扶贫背景下驻村机制的实践困境及其后果》,《江西财经大学学报》2017 年第 3 期。

徐震:《社区发展:方法与研究》,(台北)中国文化大学出版部,1985。

徐永祥:《社区发展论》,华东理工大学出版社,2001。

西奥多·W. 舒尔茨:《改造传统农业》,梁小民译,商务印书馆,2006。

赵曦:《中国西部农村反贫困模式研究》,商务印书馆,2010。

詹姆斯·C. 斯科特:《国家的视角:那些试图改善人类状况的项目是如何失败的》,王晓毅译,社会科学文献出版社,2011。

理查德·斯格特:《组织理论》,高俊山译,中国人民大学出版,2011。

张丽俊、王宏杰:《川东北地区精准扶贫面临的约束及有效化解思考》,《法制博览》2018 年第 33 期。

张孝存、胡文科:《洛南县贫困户对扶贫政策的满意度及影响因素分析》,《辽宁农业科学》2018 年第 5 期。

Gary R. Lowe, and P. Nelson Reid, *The Professionalization of Poverty: Social Work and the Poor in the Twentieth Century* (New York: Aldine De Gruyter, 1999).

Steven G. Anderson, *New Strategies for Social Innovation: Market-based Approaches for Assisting the Poor* (New York: Columbia

University Press， 2014）．

T. Townsend Peter,*Poverty in the United Kingdom*（University of California Press， 1979）．

后 记

　　本书是 2016 年中国社会科学院组织实施的国情调研特大项目"精准扶贫精准脱贫百村调研"的子课题成果之一，由中国社会科学院社会学研究所所长陈光金研究员和笔者联合主持完成。在精准扶贫政策背景下，万安县于2018 年实现脱贫摘帽，这是一个精准扶贫成效显著的贫困县，对其进行研究具有典型意义，本书以万安县潞田镇寨下村作为问卷调查的样本村，旨在通过对江西省吉安市万安县潞田镇下辖寨下村的村庄调查，把握该村贫困状况、贫困演变情况、贫困成因、减贫历程和成效、脱贫发展的思路以及提出部分建议。

　　选择寨下村作为百村调研点，既有偶然性，也有必然性。2018 年初，中国社会科学院社会学研究所科研处刁鹏飞处长与我联系，他说社会学所所长陈光金研究员主持的一个江西的百村项目点进展不顺利，询问我是否有更合适的选点，可以与陈光金老师联合主持。我立即想到了万安县的寨下村。该村是国定贫困县万安县的一个贫困村，靠近革命摇篮井冈山。我指导的研究生康颖菲曾在该村担任大学生村官一年时间，其实质任务就是潞田镇驻村的扶贫专干，对该村的情况和精准扶贫工作非常熟悉，我也一直在计划将该村作为一个扶贫调查的案例点加以深入研究。

2018年5月初起，笔者多次带队赴江西省万安县潞田镇寨下村进行调研，陈光金研究员在繁忙的工作之余，也曾亲自带队来到江西寨下村进行调研。第一次调研是初步了解调研地点并了解该村的基本情况，是探索性的。第二次调研是在5月中旬，笔者带领研究生康颖菲、李晓珏、顾根根、黄德杨、刘皓、王艺蓉等人深入该村近一周时间进行问卷调查，问卷包括村情问卷以及贫困户问卷和非贫困户问卷，问卷由中国社会科学院统一设计和制作。除了进行问卷调查外，同学们还对部分贫困户和村干部进行了深度访谈，从而更深入地了解寨下村的扶贫脱贫情况。第三次调研是在5月下旬，笔者与江西财经大学统计学院罗良清教授等人在井冈山参加完一个扶贫会议后来到了潞田镇和寨下村进行调研。这次调研的重点是与镇村干部召开座谈会深入交流探讨基层在脱贫攻坚中遇到的困惑及对策，调研组结合第二次调研反映出的一些问题与镇村干部进行了交流。

第四次调研时间是在2018年9月，陈光金研究员、刁鹏飞处长及笔者、康颖菲、舒子豪等人再次来到寨下村调研。这次调研收获很大，调研团队首先与万安县委领导、潞田镇政府领导进行了座谈，了解万安县精准扶贫工作的总体情况、县乡层面对扶贫工作的部署和思考以及政策制定和出台的过程，随后来到了寨下村调研，除了与村干部、第一书记、村民访谈外，调研组还考察了该村从浙江引进的扶贫产业和扶贫车间，查看了该村扶贫工作的所有台账和建档立卡贫困户的资料。作为一个资深的社会学家，陈光金研究员对精准扶贫精准脱贫百村调研有自己的系统思考，他认为，对案例村的研究要有整体性思维和过程性思维，既要关注村，也要关注县、乡（镇）的运作。具体来说，县、乡（镇）层面，研究者要重点关注精准扶贫的工作机制与政策形成的过程；在村级层面，则重点关注扶贫政策落实到户的过程。在调查中，陈光金研究员扎实的调研作风、敏锐的追问和探讨展示了其丰富的田野调查经验，随行的调研团队成员受益匪浅。陈光金研究员对资料的采集和保存也非常重视，在他的建议下，我们把该村与扶贫相关的资料几乎全部复印了2份，一份寄到中国社会科学院，另一份存放在笔者的单位。调研回来的路上，陈光金老师还结合调研的思考就书稿的写作框架给予了很具体的指导意见，本书的章节结构基本是按照陈光金老师的意见拟定的。

在后来，课题组个别成员还两次前往寨下村进行了补充调查，丰富调研资料。总的来说，各项调研进展顺利，从而保证了课题研究任务的顺利完成。在此，笔者要特别感谢寨下村支部书记黄贤柏及副书记李才洋对课题调研的大力支持，他们耐心地协助村调研、户调研，为调研工作的顺利进展付出了辛勤与汗水。在该村问卷调查期间，黄书记还对调研团队成员的住宿给予了贴心安排，保证了问卷调查的顺利进行。要特别感谢李才洋副书记，他除了悉心安排和接待我们调研组外，还帮我们复印了大量资料并寄到南昌和北京，甚为感激！还要感谢寨下村每一位善良、淳朴、憨厚的村民。

同时，在调研过程中，课题组得到了时任万安县委副书记傅小林、县政府常务副县长李艳辉、潞田镇党委书记刘武和现任该镇党委书记王槿楠等同志的大力支持与帮助。傅书记分管扶贫工作，虽公务繁忙，但两次抽出时间参加我们的调研，甚为感谢！

感谢我指导的研究生康颖菲、李晓珏、顾根根、黄德杨、刘皓、王艺蓉、舒子豪及本科生阳鑫等为调研和数据整理录入付出的努力。尤其是康颖菲同学，她工作细致、安排周密，为课题调研做了大量工作，并参与了研究报告部分章节的撰写。阳鑫、江小玲、郭婉莹、吴可佳、梁梦为本书稿的体例格式调整、编辑和校对付出了工作。阳鑫同学现在已是上海大学社会学院社会学专业的一名研究生。

感谢我的同事罗良清教授和汪忠列老师对课题调研的参与和支持。罗良清教授是统计学专家，但走出书斋、走进田野，多年倾情于扶贫研究。脚踏实地，行胜于言，罗良清教授为扶贫研究做出了表率。

感谢中国社会科学院社会学研究所科研处刁鹏飞处长！润物细无声。鹏飞处长在课题申报、立项、调研及数据传递、课题结项、书稿出版等过程中默默地做了大量基础性工作和沟通工作，驾起了北京、江西两地研究团队的桥梁。

感谢陈光金研究员！有幸与陈老师合作主持课题，无论是为学还是为人方面笔者都受益甚多，甚为感激。陈老师学术作风严谨，调研作风亲民、接地气，为人谦和，待人宽厚，调研中笔者一路随行，深受感染。感谢陈老师热忱支持我院与中国社会科学院社会学所的交流与合作项目，期待我院能与社会学所有更多的合作机会。

感谢我的博士后导师李培林研究员！本项目是李老师主持的国情调研特大项目的子课题。我一直期望能够有机会参与这样一些意义重大、影响深远的大型扶贫调研项目。李老师宅心仁厚、提携后学，一直关心和支持我在扶贫领域的研究工作，每次进京，尽管再忙，李老师都想法抽出时间听我汇报研究工作的一些进展，期望能取得更好成绩以回报老师的厚爱。

最后要郑重感谢社会科学文献出版社的陈颖编辑、桂芳编辑和其他编辑同志对该书的付梓所做的所有耐心细致的工作和给予的帮助。此书出版，正值新冠肺炎疫情期间，愿所有人健康、平安。

蒋国河

2020 年 6 月 28 日

后记

图书在版编目（CIP）数据

精准扶贫精准脱贫百村调研. 寨下村卷：一个中部
村落的政策实践 / 陈光金, 蒋国河著. -- 北京：社会
科学文献出版社, 2020.10
　　ISBN 978-7-5201-7520-3

　　Ⅰ. ①精⋯　Ⅱ. ①陈⋯ ②蒋⋯　Ⅲ. ①农村-扶贫-
调查报告-吉安　Ⅳ. ①F323.8

中国版本图书馆CIP数据核字（2020）第209441号

· 精准扶贫精准脱贫百村调研丛书 ·

精准扶贫精准脱贫百村调研 · 寨下村卷
　　——一个中部村落的政策实践

著　　者 / 陈光金　蒋国河

出 版 人 / 谢寿光
组稿编辑 / 邓泳红
责任编辑 / 桂　芳

出　　版 / 社会科学文献出版社 · 皮书出版分社（010）59367127
　　　　　地址：北京市北三环中路甲29号院华龙大厦　邮编：100029
　　　　　网址：www.ssap.com.cn
发　　行 / 市场营销中心（010）59367081　59367083
印　　装 / 三河市尚艺印装有限公司

规　　格 / 开　本：787mm×1092mm　1/16
　　　　　印　张：12.75　字　数：123千字
版　　次 / 2020年10月第1版　2020年10月第1次印刷
书　　号 / ISBN 978-7-5201-7520-3
定　　价 / 59.00元